Patrick Lynen

Wenn ich das
früher gewusst hätte …

PATRICK LYNEN

WENN ICH DAS
FRÜHER GEWUSST HÄTTE ...

111 KONKRETE DENKANSTÖSSE,
DAMIT DEIN LEBEN BESSER LÄUFT

Bibliografische Information der Deutschen Nationalbibliothek

Die Deutsche Nationalbibliothek verzeichnet diese Publikation in der Deutschen Nationalbibliografie;
detaillierte bibliografische Daten sind im Internet über http://dnb.d-nb.de abrufbar.

ISBN 978-3-7093-0575-1
ISBN 978-3-7094-0640-3 (E-book-PDF)
ISBN 978-3-7094-0641-0 (E-book-ePub)

Umschlag: Reiner Bergmann und buero8
Illustrationen: Reiner Bergmann
Satz: Jutta Mundus Markenzeichen

© LINDE VERLAG Ges.m.b.H., Wien 2015
1210 Wien, Scheydgasse 24, Tel.: 01/24 630
www.lindeverlag.de
www.lindeverlag.at
Druck und Bindung: PBtisk a.s.
Dělostřelecká 344, 261 01 Příbram, Tschechien – www.pbtisk.eu

1

Das Leben ist kurz. Brich die Regeln.
Vergib schnell. Küsse langsam. Liebe wahrhaft.
Lache unkontrolliert. Und bereue niemals etwas,
das dich zum Lachen gebracht hat.

Mark Twain

Inhalt

Herzlich Willkommen!

SCHÖN, DASS WIR UNS HIER GEFUNDEN HABEN. Unsere Fähigkeit, über Sprache miteinander zu kommunizieren, ist etwas Wundervolles, ein großartiges Geschenk unserer kulturellen Entwicklung. Jedes Wort hat eine besondere Kraft. Jeder Satz hat seine eigene Energie. Worte können verbinden oder trennen, sie sind dunkel oder hell, sie erschaffen Freundschaft oder Feindschaft.

Manche Worte bringen uns nach vorne, andere bremsen uns aus. So, wie wir miteinander reden, so erleben wir unseren Tag. Ich würde es daher klasse finden, wenn wir uns hier vertrauensvoll duzen könnten. In England klappt es doch auch, dass sich alle duzen, ohne dass die Menschen den gegenseitigen Respekt verlieren.

Also, ich biete dir hiermit das „Buch-Du" an. Das kannst du natürlich jederzeit zurückziehen, wenn du die letzte Seite gelesen hast. Ok?

HINTER DEN KULISSEN. Und wo wir doch jetzt schon beim „Du" sind: Was du in diesem Buch nicht finden wirst, sind Botschaften wie: „So soll der Mensch sein, leistungsfähig, strebsam, stets blendend gelaunt, hilfsbereit, nobel und immer nur gut." Denn eine einfache Rezeptur für Glück, Gelassenheit und Erfolg gibt es aus meiner Sicht nicht. Wir sind alle ganz verschieden. Aus einem Angsthasen wird kein Abenteurer und aus einem Egoisten keine Mutter Teresa. Nicht jeder kann alles erreichen. Doch mit Willen und Ausdauer geht eine ganze Menge!

Ich habe hier zahlreiche Tricks und Kniffe aufgeschrieben, die ich als Coach schätzen gelernt und an viele Menschen weitergegeben habe. In meinen Seminaren sage ich zu Beginn sehr gerne: „Von einem Trainer und Coach kann man dann besonders gut lernen, wenn er in seinem bisherigen Leben viele Fehler gemacht und durch sie etwas für sich und den Umgang mit anderen Menschen verstanden hat."

In meinem Buch findest du 111 Denkanstöße und Erkenntnisse, die mir manche Fehlentscheidung oder Anstrengung erspart hätten – wenn ich sie denn früher gehört oder gelesen hätte. Du darfst also gerne von meinen Fehlern profitieren … ;-)

Ich habe alle 111 Denkanstöße auf eine sehr kompakte und kraftvolle Länge gebracht, damit du sie auch im Alltag lesen kannst.

Viel Freude beim Lesen und herzliche Grüße

patricklynen@aol.com
www.patricklynen.de
www.facebook.com/lynen.patrick
Köln, Februar 2015

Wandlungsfähigkeit

1

DU WIRST NICHT BLEIBEN, WIE DU BIST. Früher war ich überzeugt davon, dass ich irgendwann nichts mehr dazulernen würde. Mittlerweile weiß ich, dass ich die wichtigsten Erkenntnisse meines irdischen Daseins womöglich noch vor mir habe. Auch in der Persönlichkeitspsychologie herrschte bis vor wenigen Jahren die Auffassung, dass der Charakter mit etwa dreißig Lebensjahren ausgebildet sei und dann auch so bliebe. In den vergangenen Jahren haben Forschungsergebnisse von Neurowissenschaftlern jedoch gezeigt, dass sich unsere Persönlichkeit während des gesamten Lebens verändern kann. Die moderne Hirnforschung beschenkt uns hier mit einer bahnbrechenden Erkenntnis: Kein Hirn ist jemals „fertig" konstruiert. Es kann sich bis zum Tod verändern. Die Verästelungen wachsen zwar mit der Zeit langsamer, doch selbst im Alter vernetzen sie sich neu.

Das berichten auch Forscher der Harvard Medical School in Boston. Ihre Studien zeigen, dass die Umstrukturierung unseres Gehirns in persönlichen Wachstums- und Veränderungsphasen überdies innerhalb weniger Wochen erfolgt. So ist es unserem Denkorgan tatsächlich möglich, innerhalb kurzer Zeiträume auf neue Ideen und Herausforderungen zu reagieren und sogar dort neue Gedanken-Autobahnen zu legen, wo bisher keine vorhanden waren.

Wenn dir also demnächst mal wieder jemand sagt: „Bleib, wie du bist!", dann frage dich: Kann ich in einem Monat oder einem Jahr überhaupt noch derselbe Mensch sein wie heute?

Persönlichkeitsentwicklung ist ein Prozess, der niemals abgeschlossen ist. Persönlichkeitsentwicklung bedeutet, dass wir reflektierter und damit am Ende auch stärker werden. Jeder kleine Schritt in diese Richtung ist für sich genommen schon ein Erfolg.

FAZIT

Lebe und liebe die Bewegung, die Veränderung, das Weitergehen. Jeden Tag verändert sich unser Umfeld. Jeden Tag verändert sich unser Körper. Mit jedem Gedanken und jeder Handlung verändern wir uns. Wäre ein Leben ohne Veränderung nicht schrecklich grau und langweilig, starr und vorhersehbar?

2 DIE ROUTINEN DER UNAUFFÄLLIGEN.

Als Kinder haben wir schwärmerische Vorstellungen von unserer Zukunft. Wir wollen Eroberer oder Astronautin werden, Schauspielerin oder Profi-Fußballspieler, Model, manchmal auch Lokführer oder Erfinderin. Wir sind mutig, frech, zuversichtlich, wild und voller Ideen. Dann kommt die Schule. Plötzlich ist alles anders. Talente und besondere Begabungen spielen keine große Rolle mehr, das Wilde und Forschende wird gezähmt und verbannt. Später kommt das Berufsleben. Zu Beginn erleben wir eine gewisse Euphorie, doch nach einer Weile verblasst die Farbe. In der Welt der Erwachsenen sollen wir logisch denken, unsere Intuition ablegen, uns die Flausen aus dem Kopf schlagen, Verantwortung übernehmen. Alles dreht sich um Pünktlichkeit, Systeme und Prozesse.

„Du bist vernünftig geworden", sagen die einen. Andere meinen: „Er ist nun ein schrecklicher Spießer und tut Dinge, die er nie wollte." Vielleicht haben beide recht. Die Aufgaben und Rollen unseres Lebens verändern uns. Und so wachen wir irgendwann morgens auf – und haben kaum noch etwas mit der Person zu tun, die wir mal sein wollten. Wir verbringen Jahre unseres Lebens in einer vermeintlichen Komfortzone, ohne zu wissen, wer wir sind und was wir wollen. Wir treiben durch das Meer der Möglichkeiten wie ein Schiff ohne

Steuermann – hoffend, dass keine allzu großen Stürme aufziehen. Wir übernehmen die Routinen der Unauffälligen. Wir versuchen zu überleben, machen es anderen recht, damit wir von ihnen gemocht oder geliebt werden. Wir wollen schließlich keinen Widerstand auslösen. Wir leben vor uns hin, obwohl wir doch instinktiv wissen, dass es da etwas gibt, das besser zu uns passt. Und letztlich ist uns sogar klar, dass diese Verdrängung in einem Gefühl der Sinnlosigkeit und Erschöpfung enden kann.

Mit einem schweren Herzen verhält es sich wie mit einem Stein. Das absolute Gewicht spielt keine Rolle. Es hängt davon ab, wie lange man ihn halten muss. Für eine Minute ist es überhaupt kein Problem. Wenn ich das Gewicht allerdings für eine Stunde halten muss, verspüre ich vermutlich bald einen stechenden Schmerz im Arm. Muss ich den Stein für einen ganzen Tag halten, wird der Arm irgendwann taub und verkrampft sich. Stress und Sorgen im Leben sind wie solche Steine. Eine kurzfristige Belastung ist kein Problem. Doch nach einer Weile sollte man den Stress und die Sorgen beiseite schieben.

Schließ doch bitte für ein paar Sekunden die Augen und stelle dir einen Raum ganz ohne Erdanziehungskraft vor. So, wie du ihn sicher schon in Aufnahmen von Raumstationen gesehen hast. Ein Raum ohne Erdanziehungskraft ist der beste Platz für dein schweres Herz. Schau, was in dieser Umgebung mit ihm passiert.

FAZIT

Nimm deinem Herzen die „Schwer-Kraft". Akzeptiere das Unangenehme im Alltag als notwendig und nimm es an. Alles hat nur die Bedeutung, die du ihm gibst.

3

WARUM DIR EIN UMZUG NICHT HILFT. Ärgernisse, Krisen und Rückschläge gehören zum Leben dazu. Wahre Lebenskunst ist, aus diesen Phasen gefestigt hervorzugehen. Tiefe Einsichten gewinnst du, wenn der Boden wackelt, wenn Konflikte entstehen, wenn etwas fürchterlich schiefgeht. Denn da wirst du vor eine Herausforderung gestellt. Erkennst du in diesen Momenten, wie du die Herausforderung für dich nutzen kannst, schaffst du neue Verbindungen und Lernmuster in deinem Hirn. Lauf nicht davon, zieh dich nicht schmollend zurück, duck dich nicht weg vor den Reibungen in deinem Umfeld.

Früher habe ich bei Problemen und Widerständen den Job gewechselt oder bin umgezogen. Ich glaubte tatsächlich, meine Ärgernisse, Sorgen und Macken damit hinter mir lassen zu können. Doch wie dumm: Die Wurzeln des Übels, die kleinen Monster aus der Vergangenheit, reisten in den Umzugskartons mit und meldeten sich früher oder später bei mir zurück.

Die aufregendsten Chancen liegen nicht im Wegducken oder Schmollen, in der Verdrängung, dem neuen Job oder in brachialen Veränderungen wie zum Beispiel Umzügen. Das größte Abenteuer im Leben ist, herauszufinden, warum dir etwas – womöglich immer wieder – Probleme bereitet. Lauf nicht weg, sondern bleib dran. Erkenne den Ärger als eine wundervolle Möglichkeit zu wachsen. Schau dir die Ursache genauer an. Möchtest du perfekt sein? Der oder die Beste von allen? Versuchst du um jeden Preis, etwas zu vermeiden? Liebst du womöglich deine Opferrolle und ziehst dich immer wieder schmollend in die Ecke zurück? Vermeidest du Konflikte um jeden Preis? Wertest du dich selber ab, weil dein Selbstwertgefühl dir keine andere Wahl lässt? Kämpfst du einen Kampf, der sich vor allem gegen dich selbst richtet? Warum musst du dieser Situation überhaupt eine Bedeutung geben?

Die meisten Probleme offenbaren dir plötzlich jene Gefühle, die du bisher erfolgreich verdrängt oder überbewertet hast. Wenn du dich ihnen auf Dauer entziehst oder Mitmenschen die Verantwortung dafür gibst, verstärkst du nur eines: dein eigenes Leiden.

FAZIT

Wenn du über Jahre immer wieder auf die gleichen Reibungsflächen und Konflikte mit dir und anderen stößt, dann lauf nicht weg, sondern bleib dran, bis du das Thema irgendwann auflösen kannst. Nur wenn du die Dinge angehst, die dir Ärger und schlechte Gefühle bereiten, kommst du zu neuen Lösungen, die dir einen anderen Umgang mit dem Problem ermöglichen. Wie sagte Albert Einstein so schön: „Probleme kann man niemals mit derselben Denkweise lösen, durch die sie entstanden sind."

4 NOCHMAL VERSUCHEN, WIEDER SCHEITERN, BESSER SCHEITERN.

Als Baby nehmen wir alle irgendwann unseren Mut zusammen, ziehen uns langsam hoch und plumps – schon landen wir auf unserem Hintern. Monatelang üben wir das ohne aufzugeben, bis es irgendwann doch noch klappt. Es gibt wohl kein Baby, das sich nach zwei Monaten denkt: Och, ich lass das jetzt besser mal, das ist mir zu anstrengend.

Nur mithilfe von Mut, Durchhaltevermögen und aus der scheinbaren Niederlage heraus kann sich ungeahnt etwas Neues, Besseres entwickeln. „Wieder versuchen/Wieder scheitern/Besser scheitern", schrieb der irische Schriftsteller Samuel Beckett („Worstward Ho. Aufs Schlimmste zu", Suhrkamp, 2002). Lernen ist das Ergebnis von Beobachten, Verstehen, Nachmachen, Ausprobieren und grandiosem Scheitern. Nur auf diese Weise können wir eigene Lösungen finden. Am Anfang all dessen steht jedoch der Mut, es wirklich zu versuchen.

Nur in den wenigsten Veränderungsprozessen gelingt es uns, die inneren Konflikte zeitnah zu klären. Meistens streifen wir mit der Machete durch das Dickicht und erkennen dabei wenig bis gar nichts von unserem Ziel. Dabei geschehen mitunter seltsame Dinge, die uns zutiefst verwirren. Ist das der richtige Weg – oder doch der falsche? Das Einzige, was wir gegen unsere Zweifel tun können, ist lächeln. Wenn ich dir eine ganz wichtige Botschaft gleich zu Beginn mitgeben darf, dann diese: Lerne, solche Situationen auszuhalten.

FAZIT
Fokussiere dein Ziel – auch, wenn du es nur unscharf erkennen kannst.

5

DAS LEBEN IST WIE EINE SINUSKURVE. Mal gewinnst du, mal lernst du. Es gibt stets zwei Pole, zwischen denen das Leben schwingt: Wir haben den Zyklus von Tag und Nacht, von Ein- und Ausatmen, von Ebbe und Flut, das Tun und das Nichtstun, das Entspannen und das Anspannen, das Wachsein und das Ruhen, das Sprechen und das Schweigen, das Männliche und das Weibliche, Ying und Yang. Mal bist du oben, mal bist du unten. Es geht auf und ab, wie in einer Achterbahn. Das ganze Leben ist eine schwingende Sinuskurve. Alles wiederholt sich. An manchen Tagen fühlst du dich kraftlos, beinahe ohnmächtig. Und manchmal könntest du Bäume ausreißen und die ganze Welt umarmen.

Dass unser Leben immer auf- und abschwingt, ist ein Naturgesetz. Das kann niemand ändern. Was du aber ändern kannst, ist die Null-Linie, also den Punkt, um den herum es immer auf und ab geht. Die Verschiebung dieser Null-Linie nennt man Lernen, Erkenntnis und Veränderung. Erfolgreich ist nicht derjenige, der keine Tiefen erlebt, sondern derjenige, der wieder aus dem Tal heraus findet und an dieser Erfahrung wächst. Das ist Erfolg. Eins er-folgt aus dem anderen.

„Wir brauchen spätestens alle sieben Jahre Umbrüche, sogar Krisen." So formulieren es die Autoren von „Simplify your Life" in ihrem Buch (Knaur, 2008). Die Zahl Sieben scheint in unserem Leben tatsächlich eine wichtige Rolle zu spielen. Die Woche hat sieben Tage. James Bond ist nicht ohne Grund 007. Im Märchen geht Schneewittchen über die sieben Berge und trifft die sieben Zwerge. Wir schweben auf Wolke sieben. Und die Gruppe Karat singt von sieben dunklen Jahren, die man überstehen müsse.

leben

18

Schon die Babylonier verehrten die Sieben als heilige Zahl. Sie hatten entdeckt, dass die Mondphasen in einem siebentägigen Rhythmus verlaufen. Der Anthroposoph Rudolf Steiner hat dem Siebener-Rhythmus eine so große Bedeutung beigemessen, dass er sein Konzept der Waldorfschulen danach ausgerichtet hat. Nach der traditionellen Chakrenlehre hat der menschliche Körper sieben Hauptenergiezentren. Zwischen Einschulung und Pubertät liegen im Schnitt sieben Jahre. Und das „verflixte siebte Jahr" ist sicher kein Zufall. Vielleicht kennst auch du Beispiele aus deinem Leben, wo die Zahl Sieben plötzlich eine besondere Bedeutung hatte. Meine Frau, die in einer Hautklinik arbeitet, sagt: „Bei Neurodermitis-Patienten und Allergikern verändert sich das Krankheitsbild oft nach etwa sieben Jahren – übrigens durchaus zum Positiven." Diese Aufzählung könnte ich hier noch eine Weile fortsetzen.

Ist also unser Leben womöglich von Siebener-Abschnitten gekennzeichnet? Alle sieben Jahre, da bin ich mir sicher, erfahren wir Menschen eine größere Veränderung. Es verändern sich unerschütterliche Freundschaften, bis dahin solide Geschäftsbeziehungen oder auch stabil wirkende Ehen.

FAZIT

Das Leben ist voller Umbrüche. Es ist falsch, zu glauben, man könne vom Beginn des Erwachsenwerdens bis zur Rente auf einer ausgebauten Landstraße fahren. Die Vergangenheit ist vergangen. Psychisch starke Individuen konzentrieren sich auf die Gegenwart und auf die nahe Zukunft.

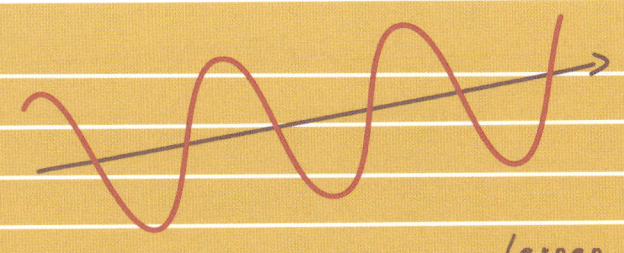

lernen

Achtsamkeit

6 **WIE DAS GRAS WIEDER GRÜNER WIRD.** Früher, in deiner Jugend, war das Gras deutlich grüner, die Tage waren länger und die Nächte rochen nach Freiheit und Abenteuer. Bonbons waren süßer, Küsse und Umarmungen dauerten länger, Reisen und Begegnungen waren voller Wunder. Die ganze Welt war ein endloser Fluss, nicht mal der Horizont hatte eine Grenze. Wenn du auch nur ein kleines Stück davon zurückerobern kannst, hat sich jede Veränderung gelohnt.

Schließe doch bitte kurz die Augen. Am besten jetzt gleich. Such dir in Gedanken einen absolut ruhigen Platz. Deinen Platz. Oder noch besser: den schönsten Platz, den du bisher entdeckt hast. Vielleicht war das ein Ort im Urlaub oder die Bank auf dem Spielplatz deiner Jugend. Niemand darf dich dort in den nächsten Minuten stören. Nimm dir Zeit und denk an diesen einen Ort, an dem du glücklich warst. Sieh genau hin. Wann war das? Wo war das? Wie sah es dort aus? Wie bist du dort hingekommen? Mit wem hast du diesen Moment erlebt? Wie hat es dort gerochen? Welche Farben hatte die Umgebung? An welche Details kannst du dich erinnern?

Lass deinen Körper zur Ruhe kommen. Dein Atem fließt ganz natürlich. Achte auf das Spiel der Geräusche um dich herum. Achte darauf, woher die Klänge kommen, ob sie laut oder leise sind. Nimm die Umgebung ganz bewusst wahr und sag dir selbst: „Es gibt jetzt nichts zu tun, ich darf einfach dort sein. Ich bin." Und genieße diesen Moment mit dir, jenseits von Denken, Grübeln, Sorgen und Tun, Machen, Schaffen.

Sage dir: „Dies ist ein glücklicher Moment. Ich genieße den Frieden, den ich in meinem Herzen spüre. Ich entspanne meinen Körper." Sofort fühlst du dich lebendig und freudvoll. Wenn du dieses Glücksgefühl auf Knopfdruck abrufen könntest, welch unerschöpfliches Kraftfeld stünde dir damit zur Verfügung?

FAZIT

Nutze das Potenzial deiner Vergangenheit – und gleite entspannt in die Zukunft.

7 „ICH HABE GERADE KEINE ZEIT!" Unser Alltag besteht aus Plänen, Besorgungen und Pflichten. Wir vergleichen uns ständig mit anderen und zweifeln an unserem Wert. Deshalb kommen wir nicht zur Ruhe. Wir stellen hohe Ansprüche an uns und gönnen uns erst etwas, wenn alles perfekt erledigt ist. Wir glauben, es nicht verdient zu haben, dass es uns gut geht. Wir haben nicht gelernt, loszulassen und zu verzeihen. Deshalb grübeln wir über die Vergangenheit. Wir haben Angst, uns falsch zu entscheiden. Uns fehlt das Vertrauen in unsere Fähigkeiten. Wir fürchten uns vor dem Ungewissen. Wir horchen nicht in uns hinein.

Kinder kennen noch keine Zukunft und das Nachdenken über die Vergangenheit ist ihnen ebenso fremd. Kinder leben im Hier und Jetzt. Zum Leidwesen vieler Eltern, die versuchen, die Kontrolle durch Ermahnungen zurückzugewinnen: „Beeil dich endlich." Oder: „Vergiss dieses und jenes nicht." Oder: „Warum dauert das schon wieder so lange?" Das kostbare Sein im Jetzt ist in uns allen angelegt – doch im Laufe der Jahre wird es den meisten von uns abtrainiert.

Viele von uns haben entsprechend im Erwachsenenalter das Gefühl, keine Zeit zu haben. Schon diese Formulierung sagt eine Menge über uns aus: keine Zeit haben. Wir glauben, dass unser Leben gleichzeitig in der Vergangenheit, im Jetzt und in der Zukunft stattfindet. Doch dabei leben wir rein biologisch betrachtet immer nur im Jetzt. Alles andere sind unsere eigenen Gedankenkonstruktionen.

Menschen, die grüblerisch veranlagt sind, vergleichen ihr gegenwärtiges Leben häufig mit der Vergangenheit. Dort haben die Sorgen ihren Anker. Sie sagen sich: „Das war immer schon so, das hat ja noch nie geklappt, da hatte ich eine große Krise, wenn er/sie mich nicht verlassen hätte, wäre jetzt alles besser." Und dann gibt es Menschen, deren Gedanken schon vor dem Aufstehen in die Zukunft weisen. Dadurch macht sich schon in der Früh der Effekt breit, den wir Stress nennen. Stress entsteht, weil wir durch diese „Zukunftsdenke" immer zu spät dran sind. Wir hinken dem Ereignis, über das wir nachdenken, das aber noch nicht stattfindet, körperlich hinterher. Unser Kopf ist bei dem, was kommt, unser Körper aber im Jetzt. Wir sind damit immer zu langsam. Wenn ich das Gefühl habe, jetzt und hier nicht mehr am Steuer meines Lebens zu sitzen, dann empfinde ich Stress. Stress ist also nicht unbedingt das Ergebnis von zu viel Arbeit, sondern vor allem die Folge eines subjektiv erlebten Autonomieverlustes.

Im Hier und Jetzt zu leben ist natürlich leichter gesagt, als getan. Für gewöhnlich bemerken wir noch nicht einmal, welche Gedankenkaskaden in uns ablaufen und dass wir kaum etwas von der Gegenwart mitbekommen. Wir beschäftigen uns damit, dass wir heute dringend noch einkaufen gehen müssen, morgen ein wichtiges Meeting ansteht, der Handwerker uns eine überhöhte Rechnung geschickt hat oder unser Handyvertrag bis zum Ende des Monats gekündigt werden muss.

FAZIT

Befindest du dich jetzt gerade in diesem Moment? Bist du ausschließlich mit dem Lesen dieser Zeilen beschäftigt? Oder hörst du nebenher Musik, denkst an den Tag morgen oder vergleichst deine Gedanken mit Erfahrungen aus deiner Vergangenheit?

8 **GLÜCK IST INNEN – IM HIER UND JETZT.** Die meisten von uns gehen ins Außen. Sie versuchen, Liebe und Anerkennung in Personen, Sachen oder Handlungen zu finden. Doch ist es überhaupt möglich, im Außen zu finden, was wir im Innen vermissen?

Das, was du suchst, findest du in der Nichtbewegung. Nichtbewegung bedeutet: Du wirst körperlich, emotional und gedanklich still. In der Nichtbewegung, in der Einkehr, offenbart sich das, was du wirklich bist und willst. Einkehr bedeutet, dass …

- deine Gedanken bei der Aufgabe sind, die in diesem Moment ansteht.
- du dich nicht mit Erinnerungen aus der Vergangenheit quälst.
- deine Gedanken nicht um die Zukunft kreisen.
- du dich nicht sorgst, was irgendwann Schlimmes passieren könnte.
- du nicht alles bewertest und mit deinen Erfahrungen abgleichst.
- du spürst, was sich jetzt in deinem Körper ereignet.
- du deine Wünsche und Träume nicht aufschiebst, sondern in die Tat umsetzt.

FAZIT

Zwischen zwei Atemzügen kannst du spüren, wer du wirklich bist. Geh nach innen, nicht nach außen. Wahres Glück ist nicht an Bedingungen geknüpft. Es ist in uns. Es zeigt sich, wenn wir das akzeptieren, was wir im Moment sind und haben. Wenn wir erkennen, dass in jedem Augenblick alles perfekt ist, so wie es ist – egal, wie unvollkommen es uns erscheinen mag.

9

PERFEKTION – MEIN HÖCHSTER ANSPRUCH. Du fürchtest dich, den Überblick zu verlieren. Dieses oder jenes muss gleich fertig sein, ein bestimmter Rückruf ist schon lange überfällig, von gestern ist noch eine wichtige Aufgabe liegen geblieben – und der Geburtstag für meine(n) Partner(in) muss ja auch noch vorbereitet werden. Puuuuh. Auf Dauer ist das ganz schön kräftezehrend. Das Leben findet an solchen Tagen vor allem in deinem Kopf statt – aber nicht mehr in deinem Herzen.

Viele von uns verspüren den Drang, das eigene Leben zu sortieren, zu kontrollieren und zu beherrschen. Mit der Zeit verlernen wir dadurch jedoch, unseren Gefühlen und Eingebungen zu vertrauen. Der Körper wird dabei nur noch als funktionierendes Etwas wahrgenommen. Wir halten diese permanente Selbstkontrolle für einen ganz normalen Zustand, sind sogar noch stolz darauf und sagen uns: „Hey, ich hab alles im Griff!" Ja – auf dem sinkenden Schiff?

Je mehr du versuchst, dein Leben formbar zu machen, gedanklich unter Kontrolle zu bringen, zu beherrschen, desto deutlicher melden sich für gewöhnlich deine Ängste vor einem Kontrollverlust zurück. Erst wenn du loslässt und die Kontrolle für eine Weile abgibst, empfindest du plötzlich Frieden und Ruhe.

Wenn du dich früh morgens im Spiegel anschaust – was denkst und fühlst du? Kannst du mit voller Überzeugung und aus ganzem Herzen sagen: „Hier bin ich. Und ich nehme mir ein paar Minuten Zeit nur für mich?" Schau dir selbst in die Augen, nicht nur flüchtig, sondern länger. Nimm dir jeden Tag drei Minuten Zeit und sei einfach nur da. Allein diese Übung – über einen Monat oder länger angewandt – wird deine Haltung zum Leben und zu dir selbst verändern. Diese Zeit mit dir ist ein Geschenk an dich selbst.

Und nach der Arbeit? Geh für ein paar Minuten in die Natur. Atme tief ein und aus, öffne deine Sinne, höre die Umgebungsgeräusche, schaue in die Baumkronen, fühle die Blätter, träume von schönen Momenten. Sag dir selbst: „Es gibt jetzt nichts zu tun, ich darf einfach nur mit mir sein."

Du denkst, das geht nicht? Doch, es geht. Selbst wenn du zehn Stunden arbeitest oder zwei Kinder hast. Such mal wieder deine innere Mitte auf. Lass das Springen zwischen den Zeitebenen für eine Weile sein. Fang deinen Tag bewusst an, indem du dir gleich nach dem Aufstehen fünf Minuten der Stille schenkst. Atme tief ein und aus und bereite dich auf diesen Tag vor. Mach auch über den Tag verteilt alle zwei Stunden eine kleine Besinnungspause. Meist reichen schon zwei oder drei Minuten. Das geht zur Not sogar im Bad oder auf der Toilette. Wenn ich mich früher vor der Moderation einer Sendung noch einmal erden musste, dann habe ich mich tatsächlich für zehn Minuten aufs stille Örtchen zurückgezogen.

Und wenn das alles nicht reicht: Finde mal wieder eine Oase im Alltag. Steig aus dem Hamsterrad aus. Geh, fahr oder flieg für eine Weile in eine andere Umgebung. Für einen Tag, ein Wochenende oder eine Woche. Und frag dich dann in aller Ruhe: Bin ich mit mir und meinem Umfeld glücklich? Will ich etwas ändern? Und wenn ja – was? Gibt es Dinge, von denen ich vergessen habe, dass sie schön sind?

In Indien sagt man: „Die Stille ist nicht auf den Gipfeln der Berge, der Lärm ist nicht auf den Märkten der Städte; beides ist in den Herzen der Menschen." Der Mensch muss wieder lernen, im Jetzt anzukommen.

FAZIT

Genieße mal wieder das Sein, ohne Denken, Grübeln, Sorgen und Tun. Erlaube dir kurze Momente der Ruhe. Atme ein und aus und mach – gar nichts. Dein Herz und dein Körper werden es dir danken. In der Stille kommen dir dann vielleicht Antworten auf Fragen wie: Was ist mir in meinem Leben eigentlich wichtig? Wie achtsam gehe ich mit mir selbst um? Achtsamkeit ist der Generalschlüssel. Er öffnet alle Türen unseres Bewusstseins.

10 VON FLOW UND ACHTSAMKEIT IM JOB.

Bis heute arbeite ich auch in den Medien. Dort ist jede Redaktion ein brodelnder Kochtopf, eine eng getaktete, quirlige Ungewissheit. Alle sind ständig auf der Suche nach der besten Story des Tages, der schnelleren Umsetzung, der besseren Reichweite. In anderen Branchen ist das ganz ähnlich.

In unserer heutigen Arbeitswelt achtsam zu sein, ist eine echte Herausforderung. In vielen Jobs geht es schon morgens von einem Meeting zum nächsten. Die Atmosphäre im Großraumbüro unterbricht mindestens jeden zweiten Gedankenstrang. Hier klingelt ein Telefon, dort liefert der Expressdienst ein Päckchen ab.

In unserem lauten, von hektischen Aktivitäten bestimmten Alltag ist unsere Wahrnehmung gedrosselt. Wir ziehen sozusagen einen Sinnesfilter ein, damit wir von den Eindrücken und Impulsen im Umfeld nicht überlastet werden. Und wenn wir diese raue Wirklichkeit abends hinter uns lassen, bemerken wir erst, wie viel Kraft und Energie uns der Job gekostet hat.

Nach mannigfaltigen Erfahrungen in verschiedenen Jobs unterscheide ich mittlerweile zwischen Job, Beruf, Berufung und Flow. Psychologie-Professor Mihály Csíkszentmihályi („Flow", Klett-Cotta, 2008) hat den Flow schon vor rund vierzig Jahren erstmalig beschrieben. Damals fragte er Menschen, wie sie stundenlang am Fließband stehen und trotzdem glücklich sein konnten. Er wollte wissen, warum sie stressige Jobs machten oder stundenlang joggten, obwohl beides doch nicht nur schön ist. Und er interessierte sich dafür, warum Menschen Briefmarken oder Vinylschallplatten sammelten. Er kam dabei zu einer interessanten Erkenntnis: Weil Menschen diese Tätigkeiten wirklich liebten. Nur so konnten sie in der jeweiligen Taktung aufgehen. Sie hatten ihren Fluss gefunden.

FAZIT

Deine wahre Berufung hast du gefunden, wenn Arbeit, Zeit und Raum relativ werden. Wenn dein Broterwerb kein Job mehr ist, sondern du darin aufgehst, als wäre es dein liebstes Hobby. Plötzlich kannst du die Zeit über Stunden vergessen. Du blendest die Welt für eine Weile aus. Dein Beruf stresst nicht, er gibt dir Kraft. Er wird zur Berufung – und manchmal sogar zum Flow.

11

VOM SPANNUNGSERHALT DURCH HEKTIK. Druck, Stress und Hektik nehmen bei vielen Menschen zu. „Überdrehte Starre" ist vermutlich eine gute Beschreibung für die Taktung in unserer Zeit. Irgendwann glauben wir, dass dies ein völlig normaler Zustand sei. Doch wenn der Druck mal wegfällt, dann ist sie da: die große Leere. Zum Beispiel an Wochenenden, Feiertagen, zu Weihnachten oder im Urlaub. Stillsitzen geht nicht, aber bewegen können wir uns ebenso wenig. Wenn wir derart in der Hyperaktivität gefangen sind, dann sehen wir das Ideal durchaus klar: mehr Ruhe und Entspannung. Doch wir laufen in die falsche Richtung, wenn es darum geht, es möglichst schnell zu erreichen. Damit entfernen wir uns immer weiter von der Entspannung. Wie kommt es dazu? Wir ertragen den Moment der Ruhe nicht mehr und wollen schnellstens dafür sorgen, dass unser Aktivitätspegel erhalten bleibt. Wir erhalten also künstlich unser Spannungsniveau aufrecht, spüren uns dadurch intensiver. Klar, jede Stunde, jeder Tag bietet eine verführerische Anzahl an Veranstaltungen, Blogs, neuen Apps, Videos oder Chats. Früher oder später ersetzen diese Ablenkungen und digitalen Zwangshandlungen dann die Beschäftigung mit uns selbst, unserer Umgebung und anderen Menschen.

Konditionierung ist das Erlernen von Reiz-Reaktions-Mustern. Ein bekanntes Beispiel ist der Pawlow'sche Hund. Auch wir haben uns eine Menge solcher

Automatismen angewöhnt. Wenn wir uns im Alltag kurz langweilen und sofort für einen schnellen Glücksmoment das Smartphone aus der Tasche holen, spüren wir irgendwann ganz sicher die Notwendigkeit, uns auf die Suche nach den nächsten unwichtigen Updates zu machen.

Wenn du mal wieder das Verlangen nach Ablenkung hast, schließe einfach für ein paar Sekunden die Augen und frage dich: „Muss ich das jetzt WIRKLICH tun?" Anschließend kannst du dich ganz bewusst ablenken – oder einen Abend mit deinen Kindern verbringen, einen Spaziergang mit dem Hund machen, ein Bad nehmen, in die Sauna gehen oder mal wieder einen guten alten Freund treffen.

FAZIT
Hinterfrage doch mal all die täglichen Routinen, die du längst für selbstverständlich hältst. Dienen sie vor allem deinem Spannungserhalt?

12 WARUM NEWS OFT ZEITDIEBE SIND.

Vor ein paar Jahren hatte ich eine bizarre Begegnung mit einem Scientologen. Also einem dieser Menschen, die uns weismachen wollen, dass ihr Geschäftsmodell „Scientology" etwas mit Wissenschaft oder Religion zu tun habe. Der Mann wollte mich am Rande einer Veranstaltung als zahlungskräftigen Jünger für seine sogenannte Kirche gewinnen. Damit hatte er kein Glück, weil ich die Idee hinter Scientology für abwegig und die Praktiken der Sekte für menschenverachtend und gefährlich halte.

Der Mann sprach jedenfalls sehr viel und sagte beispielsweise: „Nachrichten sind Zeitdiebe und Schaumstoff für das Gehirn." Das werte ich vornehmlich als Versuch, mich über einen Nachrichtenentzug von der realen Welt abzukoppeln und dann leichter in eine mentale Abhängigkeit von Scientology zu führen. Aber trotzdem konnte ich dem Satz nach längerem Nachdenken etwas abgewinnen.

Auf allen medialen Kanälen wird die Anzahl der Informationen, Blogs und Storys stetig größer. Über uns ergießt sich eine Flut von Nachrichten, Halb- und Vollwahrheiten, darunter so wichtige Dinge wie:

- Im Dschungelcamp ist die Cholera ausgebrochen.
- Schreck für die Autofahrer – PKW-Maut kommt!
- Fischer nach 12 Monaten auf See gerettet
- Tsunami-Katastrophe hat Folgen für Deutschland
- Hat Dieter Bohlen Hepatitis?

Beinahe alle dieser Schlagzeilen sind sehr geschickt formuliert. Starke Headlines, bunte Bilder, große Emotionen, inszenierte Konflikte, These/Antithese. News sind neurologisch betrachtet sehr wirkungsvoll. Das macht sie zu einer Art Fliegenfänger für unser Hirn. Sie lenken unsere Aufmerksamkeit auf jene Dinge, die nur selten eine direkte Relevanz für unser Leben haben oder die nicht in unserer Macht stehen. Und weg von den Dingen, die wir tatsächlich beeinflussen und anpacken können. Zudem sind – das darf ich als Journalist mit Fug und Recht behaupten – Fakten und Prognosen gerne mal maßlos überzogen. Deswegen lautet seit einigen Jahren mein Credo: „Weniger ist mehr."

Anfangs hatte ich noch Angst, etwas nicht mitzukriegen. Doch dann stellte sich ein friedvolles Gefühl bei mir ein. Wer nicht ständig am Newsfeed hängt, verpasst in der Regel nichts.

Nun könntest du an dieser Stelle einwenden: Würden plötzlich alle Menschen auf Nachrichten verzichten und ihre Abos kündigen, um sich mehr auf sich selbst zu konzentrieren, könnte der gesamte Journalismus doch irgendwann dicht machen. Guter Journalismus kostet nun mal Geld. Und unabhängige Journalisten erfüllen doch einen wichtigen Zweck als Vierte Gewalt in unserer Demokratie. Ja, das kann man so sehen. Und damit hast du sogar recht. Dennoch werde ich an meiner Nachrichtendiät so schnell nichts mehr ändern, denn ...

FAZIT

Nachrichten sind Zeitdiebe. Der Gegenentwurf können kleine Momente voller Achtsamkeit sein, in denen du endlich mal wieder GAR NICHTS tust.

13

NIMM DICH NICHT ZU WICHTIG. Die technischen Entwicklungen schreiten rasant voran, Arbeitsabläufe verdichten sich immer weiter und wir steigern unsere Erwartungen an uns selbst. Sie werden größer und größer. Irgendwann münden diese Faktoren beinahe zwangsläufig in ein Gefühl der Überforderung und Erschöpfung. Das zu beklagen, führt dich nicht weiter, sondern macht dich zum ohnmächtigen Opfer einer scheinbar übermächtigen Außenwelt.

Der meiste Druck und Stress entsteht ursächlich nicht durch die Vorgänge im Außen, sondern durch deinen eigenen unaufgeräumten Zustand im Innern. Dein Stress-Gesamtkonto hat sozusagen zwei Unterkonten. Eines sammelt die Stressoren von außen ein. Auf diese Impulse hast du keinen direkten Einfluss. Dein zweites Stresskonto steht für die innere Bewertung dieser Eindrücke von außen. Darauf hast du jede Menge Einfluss.

Tritt für ein paar Sekunden aus dem Trubel heraus, wechsle die Perspektive. Wie würde jemand deine aktuelle Situation mit ein wenig Distanz betrachten? Zum Beispiel ein Beobachter vom Mond? Wie wirst du in einem Jahr über die gleiche Situation denken? Hat sie dann überhaupt noch eine Bedeutung? Wie wichtig ist diese Angelegenheit wirklich? Eine Betrachtung aus der Vogelperspektive schafft Raum für freigeistiges Denken.

Wenn ich im Alltag ein sogenanntes Problem habe, blicke ich buchstäblich vom Mond auf die Erde. Ich mache mir klar, wie viele Menschen es in diesem Moment auf unserer Erdkugel gibt, deren Sorgen und Nöte viel gravierender sind als meine. Und dann muss ich für gewöhnlich kurz schmunzeln und frage mich: Ist mein „Problem" so relevant, dass es auf meinem Grabstein stehen würde?

Die wenigsten von uns transplantieren Organe, operieren herzkranke Kinder oder nähen Wunden in Kriegsgebieten. Wir machen einfach „nur" unseren Job. Mit Engagement, Sorgfalt und Hingabe, gewiss. Aber sind Menschenleben in Gefahr, wenn wir einen Fehler machen? Vermutlich nicht.

FAZIT

Die Mondperspektive schafft den nötigen Abstand, Ereignisse zu relativieren und Stressoren zu entlarven. Manchmal weiß man nicht einmal, was oder wer genau uns stresst. Und dann hilft die Mondperspektive ganz besonders gut.

14

IN KRISEN – COOL BLEIBEN! Sprachaufnahme in einem noblen Düsseldorfer Tonstudio. Im Regieraum sitzen die Geschäftsführer des Werbekunden und drei überaus wichtige Vertreter der Werbeagentur. Vor dem Mikrofon stehe ich, gemeinsam mit einer Sprecherkollegin. Wir sollen die Kampagne stimmlich zum Klingen bringen. Soweit, so gut – könnte man meinen.

Nach der dreißigsten Aufnahme des Spots werde ich langsam nervös. Mal passt dem Kunden dieses nicht, dann den Werbeagentur-Fritzen jenes. Wir Sprecher scheinen uns von Minute zu Minute mehr als absolute Fehlbesetzung herauszustellen. So langsam kriechen Selbstzweifel und eine ungewohnte Nervosität in uns hoch. Unsere Souveränität schwindet dahin – und die Folgeversionen des Spots werden nicht unbedingt besser.

Nach der gefühlt vierzigsten Version sind meine Zweifel größer denn je. Kann ich das überhaupt? Soll ich weitermachen oder besser gleich hinschmeißen? Ich bin kurz davor, mich mit einem Honorarverzicht aus der unangenehmen Situation zu befreien, als der Tontechniker uns über die Gegensprechanlage etwas zuflüstert: „Hey, lasst sie diskutieren. Ihr seid gut. Coooool bleiben!" Seine Stimme ist dabei so eindringlich, dass ich sie nie wieder vergessen habe. Wie die Geschichte weitergeht? Du wirst es kaum glauben! Nach einer elend langen Diskussion zwischen Werbeagentur und dem Kunden wurde die dritte (!) Aufnahme ausgewählt. Warum nun überhaupt der ganze Wahnsinn? Warum haben sie uns über drei Stunden mit über fünfzig Einzelversionen gequält – um dann doch die dritte Sprachaufnahme zu nehmen? Es lag – wie sich später herausstellte – nicht an unserer Leistung, sondern an einem Dissens zwischen Agentur und Auftraggeber.

„Im Zweifel – cool bleiben." Das ist seither mein Lebensmotto geworden. Denn oft genug kann ich die Rahmenbedingungen noch gar nicht ausreichend einschätzen. Und eine übereilte Reaktion wäre womöglich genau das Falsche.

In der Luftfahrt ist es genauso. Einer meiner besten Kumpels ist Pilot bei einer großen deutschen Airline. Das Trainingsprogramm (Type-Rating) ist so aufgebaut, dass die Piloten zur inneren Ruhe kommen müssen, bevor sie sich überhaupt mit dem eigentlichen Problem beschäftigen. Cool bleiben sei das A und O für Flieger, sagt Cyrus. Und so sitzen die Piloten seelenruhig in ihrem Simulator, eruieren einige Sekunden lang das aufgetretene Problem, bevor sie dann mit absoluter Coolness die richtige Entscheidung treffen. Statt wild und panisch auf einen Impuls zu reagieren und das Höhenruder hochzureißen, werden sie darauf trainiert, zunächst einmal nichts zu machen und die Situation zu analysieren. Nur so sind sie nach einer Reihe von simulierten Zwischenfällen überhaupt in der Lage, jede reale Krise aus dem Stegreif heraus zu bewältigen. Sie bleiben ruhig und ihr Gehirn ruft die gespeicherten Abläufe beinahe selbsttätig ab.

FAZIT

Wir Menschen sind zu absoluten Spitzenleistungen fähig, wenn wir nicht gleich den Kopf verlieren. Handlungsfähig zu bleiben hilft, beinahe jede Krise zu bewältigen.

15

DON'T PUSH THE RIVER – VERTRAUEN IN DAS GROSSE GANZE. Donnerstagnachmittag bei Facebook. „Drücken Sie diesen Knopf, damit alles wieder okay ist." Die Werbeanzeige einer englischsprachigen Seite lockt mit großen Versprechungen. Das wäre was: Einfach auf den Button mit der Aufschrift „Make everything okay" drücken und mit einem Klick alle Probleme beseitigen. Die Realität sieht anders aus. Noch ist nichts okay! Ich bin allein mit einer schwierigen Entscheidung und meine Gedanken drehen sich im Kreis. Immer schneller und schneller. Also los, Kopfhörer ins Ohr, Musik an, Laufen im Park.

Der Körper mag sich nun gut fühlen – aber die Zweifel kommen zurück. Bis zum Abend füllen sie tropfenweise meinen Kopf. „Wie kannst du diesen sicheren Job aufgeben, für den andere alles tun würden?" Für einen wegweisenden Gegengedanken gibt es noch zu wenig Platz. Der würde lauten: „Ja, für andere ist es womöglich der Job. Für mich nicht mehr."

Nach dem Laufen schreibe ich mir ein paar Wörter auf: loslassen, zulassen, freilassen, gehenlassen, gelassen, offenlassen, weglassen, zurücklassen. Ich glaube, sie können mir dabei helfen, ruhig und gelassen zu bleiben. Frei nach dem großen Lyriker Rainer Maria Rilke. Der empfiehlt in seinem Gedicht über die Geduld, „die Fragen selbst lieb zu haben", um vielleicht eines Tages unmerklich in eine Antwort hineinzuwachsen.

Man muss den Dingen
die eigene stille, ungestörte Entwicklung lassen,
die tief von innen kommt
und durch nichts gedrängt und beschleunigt werden kann.
Alles ist auszutragen und dann zu gebären.

Reifen wie der Baum, der seine Säfte nicht drängt
und getrost in den Stürmen des Frühlings steht
ohne Angst, dass dahinter kein Sommer kommen könnte.
Er kommt doch.

Aber er kommt zu den Geduldigen,
die da sind als ob die Ewigkeit vor ihnen läge,
so sorglos, still und weit.

Man muss Geduld haben gegen das Ungelöste im Herzen
und versuchen, die Fragen selbst lieb zu haben
wie verschlossene Stuben und Bücher, die in einer anderen Sprache
geschrieben sind.

Es handelt sich darum, alles zu leben.
Wenn man die Frage lebt,
lebt man vielleicht allmählich, ohne es zu merken,
eines fremden Tages in die Antwort hinein.

Rainer Maria Rilke („Briefe an einen jungen Dichter", Insel Verlag, 2007)

FAZIT

Don't push the river. Hab Geduld mit deiner Ungeduld. Lass die Dinge einfach sein. Genieße deinen Weg, Schritt für Schritt. Versuche nicht, möglichst schnell am Ziel zu sein. Denn es gibt kein Ziel. Jedes sogenannte Ziel ist auch nur der Anfang eines neuen Weges.

16

„ICH LIEBE MICH" – NARZISSMUS, EGO UND SELBSTLIEBE. „Wenn jeder sich selbst liebt, dann ist an alle gedacht." Ein ketzerischer Spruch, ich weiß. Er soll kein Plädoyer für eine unbarmherzige Ego-Gesellschaft sein. In der möchte ich ganz bestimmt nicht leben. Doch wenn jeder über ein ausreichendes Maß an Selbstliebe verfügen würde, dann wäre diese Welt eine andere.

Selbstliebe erlebst du, wenn du dich uneingeschränkt selber annimmst. Wenn du deine Minderwertigkeitsgefühle und Selbstzweifel beiseiteschiebst. Selbstliebe ist die Basis für warmherzige Beziehungen zu anderen Menschen und damit für deinen Kontakt zur Welt um dich herum.

Selbstliebe hat nichts mit Selbstsüchtigkeit oder Egoismus zu tun. Denn während ein Egoist nur an sich selbst denkt und manchmal über Leichen geht, ist ein sich selbst liebender Mensch darum bemüht, sein Ich, seine Wünsche und Bedürfnisse mit seinem Umfeld in Einklang zu bringen.

Viele von uns haben das Gefühl, Selbstliebe gehöre gar nicht in ihr Leben, weil diese Welt angeblich so voller Hass und Konkurrenzkampf ist. Alle sind in Eile. Alle wollen dringend ihre Schäfchen ins Trockene bringen. Man müsse doch schließlich überleben. Für die Selbstliebe sei da gar keine Zeit. Und dann höre ich Sätze wie: „Von Selbstliebe kann ich mich doch nicht ernähren." In diesem Moment erfährst du genau jene Grenzen, die du nur dann sprengen kannst, wenn du dich selbst liebst. Wenn du bereit bist zu sehen, wer du wirklich bist.

Entschlossenheit

17 ANGST UND ZWEIFEL ÜBERWINDEN.

ANGST UND ZWEIFEL ÜBERWINDEN. Angst und Zweifel zerstören mehr Träume, als Scheitern und Versagen es jemals tun könnten. Viele Aufgaben und Herausforderungen, für die wir die Fähigkeiten haben, nehmen wir nur deshalb nicht in Angriff, weil wir panische Angst haben, zu versagen oder zu scheitern. Versagensangst lähmt. Und sie verhindert, dass wir unsere Wünsche und Sehnsüchte in die Tat umsetzen.

Überleg mal, was du ohne Angst alles erreichen könntest. Welche besonderen Dinge würdest du ohne diese lähmende Furcht gleich angehen, wie viel Spaß könntest du dabei haben? Du wärst überrascht, wozu du ohne Angst vor dem Scheitern oder einer Niederlage imstande bist.

Die Auto-Legende Henry Ford hat im Januar 1914 als Erster den Achtstundentag eingeführt und gleichzeitig den Mindestlohn von 2,34 $ auf 5,00 $ pro Tag angehoben – gegen alle warnenden Stimmen in seinem Umfeld. In einem Interview sagte er: „Es gibt mehr Leute, die schon am Anfang kapitulieren, als solche, die auf dem Weg scheitern." Wenn ich mal wieder vor einer Herausforderung stehe, mache ich seine Worte zu meinem Leitsatz. Und dann laufe ich mit lautem Gebrüll der neuen Aufgabe entgegen, verdränge für eine Weile meine Ängste. In diesen Momenten tut sich jedes Mal aufs Neue etwas Wundervolles: Diese ruckartige Bewegung lässt mich wie ein Hochspringer über die Latte gleiten, unter der sich meine Ängste, meine inneren Mahner und Pessimisten versammelt haben. Und wenn ich lande, habe ich genug Mut für den Rest der Wegstrecke. So war es auch bei diesem Buch, das ich – aus Angst vor einem Misserfolg – zunächst gar nicht veröffentlichen wollte.

Wenn du dich durch die Angst vor einem Fehlschlag davon abhalten lässt, etwas zu versuchen, dann bist du schon gescheitert, ehe du überhaupt begonnen hast. Mut bedeutet, dass du mit einem gewaltigen Ruck deine Ängste überwindest, während die anderen nur angstbestimmt zuschauen oder vor sich hin wurschteln.

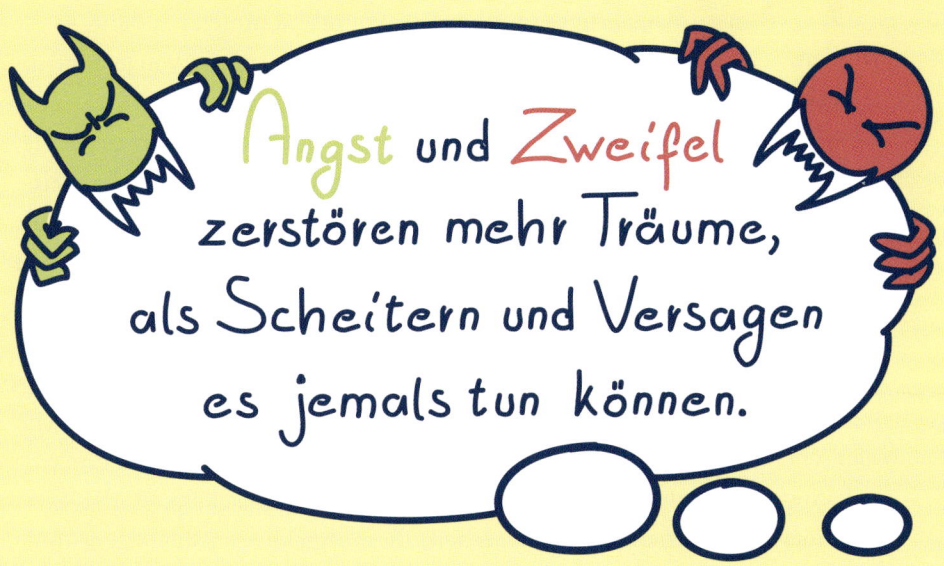

Angst und **Zweifel** zerstören mehr Träume, als Scheitern und Versagen es jemals tun können.

FAZIT

Angst ist kein Zeichen von Feigheit. Deine Angst ermöglicht dir, Situationen hellwach und tapfer zu meistern. An einer Aufgabe gewachsen bist du bereits dann, wenn du Angst hast und dennoch vorangehst, ohne dich einschüchtern zu lassen.

18

ANGST ERZEUGT ANGST. Du würdest wahrscheinlich gar nicht für möglich halten, wie oft ich in meinem Leben Angst hatte. Angst vor Misserfolg, Angst vor Verarmung, Angst vor dem Alleinsein, vor unbekannten Ländern, Angst vor dem Scheitern im Job, Angst, Nähe zuzulassen, und davor, von jemandem verletzt zu werden, den ich liebe. Als ich eine wichtige Frage stellen wollte, habe ich es gelassen, weil ich die Antwort womöglich kaum ertragen hätte. Ich war meiner inneren Lähmung ausgeliefert und von Zeit zu Zeit kam eine neue Angst dazu. Denn Angst zieht Angst an. Daraus wird ein Teufelskreis. Angst nimmt dich gefangen. Angst ist Starre, Angst ist Stress, Angst wird in besonders schweren Fällen sogar zu Neid und Hass.

Beklemmung, Nervosität, schlechter Schlaf und Reizbarkeit – das sind typische Symptome, wenn Angst und Sorgen sich breitgemacht haben. Ängstliche Menschen machen meist einen in sich gefangenen Eindruck, Gestik und Mimik sind stark reduziert. Angst ist immer auch Unbeweglichkeit, das Festklammern an vermeintlicher Sicherheit, die Vermeidung von Entscheidungen. Wer sich an seine Angst klammert, der vervielfacht sie, gibt ihr immer neue Nahrung. Angst ernährt sich von Angst.

Es gibt ein paar Ängste, die können und sollten wir nicht abschütteln. Sie gehören zum Menschsein einfach dazu. Diese sind auch nicht unser wirkliches Problem. Es sind die eigentlich kleinen Ängste, die uns, addiert man sie, in der Masse belasten. Die unbegründeten Ängste und Sorgen, die täglich gegen uns arbeiten, deren Szenarien jedoch vermutlich niemals eintreten werden.

Thomas Gottschalk wurde in einem Interview mal gefragt, wie er es geschafft habe, einer der bedeutendsten deutschen Showmaster zu werden. Seine Antwort: „Unsere Eltern und Großeltern hockten in den besten Zeiten ihres Lebens in Bombenkellern rum, lagen vor russischen Städten im Dreck oder suchten verzweifelt ihre Familien zusammen. Und heute kriegt einer schon Stress, weil er mit vierzig noch kein Häuschen da stehen hat oder entlassen werden könnte."

FAZIT

Mach dir klar, wie übertrieben 99 Prozent deiner Sorgen im Vergleich zu wirklich bedrohlichen Situationen sind.

Hab daher keine Angst, deine Angst zu verlieren. Häufig ist nur die Angst vor der Angst daran schuld, dass du unter den eigenen Möglichkeiten bleibst. Angst ist oft eine Entschuldigung vor uns selbst. Wer sich in der eigenen Angst konserviert, muss deutlich weniger Verantwortung für sein Leben übernehmen.

Angst

frisst

Leichtigkeit

19 PERSÖNLICHKEITSENTWICKLUNG UND WIE SIE FUNKTIONIERT. Leg jetzt gedanklich bitte nicht auf. Dieses Kapitel ist zwar etwas komplexer, aber auch umso erkenntnisreicher.

Echtes Lernen findet nur außerhalb unserer Komfortzone statt. Die Komfortzone ist der Ort, an dem wir uns so herrlich sicher fühlen und in dem wir alles „richtig" machen. Nicht immer tut uns dieser Ort wirklich gut, doch wir fühlen uns dort aufgehoben. Aus diesem Grund bleiben viele Menschen in dieser Komfortzone. Dadurch bringen sie sich im Laufe ihres Lebens allerdings um wichtige Lerneffekte. Denn unsere Wünsche, Ziele, Chancen und Sehnsüchte liegen außerhalb dieser Zone, auf der anderen Seite der Straße. Erst ein „Versagen" macht Wachstum überhaupt möglich. Es muss dir zunächst mal schlecht gehen, damit es dir gut gehen kann.

Zu wissen, wie die typischen Phasen eines Veränderungsprozesses verlaufen, hilft uns, unsere Situation aus der Vogelperspektive (Metaebene) zu betrachten. Mit dieser neutralen Distanz fällt es uns deutlich leichter, die einzelnen Schritte jeder Veränderung zu erleben. Alle Veränderungsprozesse folgen

mehr oder weniger einem Verlauf, der 1947 erstmalig von Kurt Tsadek Lewin, einem der einflussreichsten Pioniere der Psychologie, beschrieben worden ist („Eine Einführung in sein Werk", Beltz Verlag, 2001). Diese Phasen der inneren Veränderung laufen ab, wenn wir uns Neuem zuwenden (müssen):

Phase 1: Vorahnung und Sorge: Irgendetwas stimmt hier nicht?!
Du kommst immer wieder an persönliche Grenzen, drehst dich im Kreis. Möglicherweise bist du verunsichert. Du hast eine erste Vorahnung: „Eigentlich sollte ich was ändern."

Phase 2: Schock – Schreck: Ich bin verwirrt ...
Du denkst diesen Satz, mit dem die Psyche für gewöhnlich auf Entsetzen reagiert: „Das kann nicht wahr sein." Was eigentlich bedeutet: Das soll nicht wahr sein. Ist es aber leider. Du bist verunsichert, verwirrt oder erlebst eine gewisse Schreckstarre.

Phase 3: Verneinung – Verdrängung – Abwehr: Das kann doch gar nicht sein! Dem Schock folgt die Verdrängung. Du gibst jetzt gerne mal anderen die Schuld. „Die Welt ist gemein zu mir. Ausgerechnet ich soll mich ändern? Nein – das sollen besser mal die anderen tun. Ach was, die ganze Welt soll sich ändern." Je mehr Unsicherheit eine Veränderung mit sich zu bringen droht, umso stärker ist deine Abwehr. Wir Menschen wollen schließlich jede Situation irgendwie in den Griff bekommen und damit unsere emotionale Stabilität wiederherstellen.

Phase 4: Rationale Näherung/Frustration: Ja, aber ...
Du siehst die Notwendigkeit der Veränderung zwar faktisch ein, aber findest noch keine Lösung, die dich wirklich weiterbringt („Früher war alles besser!"). Der Druck wird immer größer. Du wünschst dir nichts mehr als ein baldiges Ende. Zaghafte Veränderungen an unbedeutenden Stellen bringen keinen Erfolg. Dir kommen Gedanken wie: „Veränderung ist wichtig, aber ..." oder „Ich will ja schon ganz gerne was Neues machen, allerdings ...".

Du bist in dieser Phase noch nicht bereit, dich wirklich zu verändern. Vieles orientiert sich nach wie vor an der Vergangenheit, du hast alte Rituale und Muster nicht losgelassen. Anders gesagt: Du versuchst, mit alten Mustern eine neue Wirklichkeit zu formen. Das gelingt natürlich so gut wie nie.

Phase 5: Emotionale Akzeptanz: Ob ich das Alte wohl loslassen kann ...?

Diese Phase ist die schmerzlichste, gleichzeitig aber die wichtigste. Weil du nun spürst, dass du das Alte loslassen musst, um frei zu sein für das Neue. Man nennt diese Phase auch das „Tal der Tränen". Sie ist im Veränderungsprozess eine Art Reinigungsstufe oder Katharsis. Dein Hirn säubert sich von alten Vorstellungen und Haltungen. Viele Menschen versuchen genau diese Phase zu vermeiden, um Unsicherheit aus dem Weg zu gehen. Ohne diese fünfte Phase gäbe es jedoch keine Veränderung. In Phase 5 löst du dich über Schwellenemotionen wie Angst, Groll, Frust oder Trauer vom Vergangenen und wendest dich dem Neuen zu. Drückst du dich vor diesem notwendigen Schmerz, dauert die Veränderung unnötig lange.

Phase 6: Öffnung, Neugier, Ausprobieren: Da ist die Tür!

Sieh an! Die Neugier erwacht. Du klammerst dich nicht mehr an Vergangenes und wirst frei für neue Lösungsansätze. Du lernst, so wie du es auch als Kleinkind bei den ersten Schritten getan hast. Du stolperst noch etwas unsicher voran, doch dann machst du plötzlich die ersten sicheren Schritte. Du beginnst, tatsächlich Neues auszuprobieren. Dabei machst du natürlich Fehler. Daraus lernst du. Denn genau diese Fehler helfen dir, eine geeignete Strategie zu entwickeln.

Phase 7: Integration, Selbstvertrauen: Ja, so geht es!

Hurra! Du empfindest Enthusiasmus und erlebst eine Phase des absoluten Hochgefühls. Der Weg ist frei für das Neue. Diese Phase kann durchaus euphorisch ausfallen. Das Tal ist durchschritten. Ja, du hast etwas gelernt. Du hast eine neue Strategie entwickelt, um mit einer zuvor unbekannten Konstellation klarzukommen. Du übernimmst neue Verhaltensweisen in dein

Handlungsrepertoire. Du empfindest Zufriedenheit, da du den entscheidenden „ersten Schritt" gemacht hast. Deine Wahrnehmungs-, Denk- und Hand-
lungsweisen werden bewusster. Du spürst ein gesteigertes Selbstvertrauen
und hast nun einen Bauplan für die Veränderung. Den kannst du jederzeit
wieder rausholen und nutzen. Deswegen solltest du keine Angst vor Rück-
schlägen haben. Die kommen – und sie sind wichtig.

FAZIT
Rechne bei jeder Art der Veränderung mit Widerstand durch deinen inneren Schweinehund. Wenn du vorankommen willst, sieh deinen Ängsten
ins Auge. Wenn du ankommen willst, kämpfe dich über die Schmerzgrenze hinweg. Und geh dann am besten noch einen Schritt weiter. Ab diesem
Moment nimmt dein Veränderungsprozess Fahrt auf. Der Stein, den du
mühsam den Berg hinaufgerollt hast, bewegt sich nun beinahe von allein.

Das Menschsein definiert sich ganz wesentlich darüber, wie wir uns zu
Neuanfängen verhalten. Nur neue Gedankenwege, neue Bewertungen,
neue Sichtweisen öffnen den Weg in eine veränderte Wirklichkeit.

Egal, ob in Simbabwe, Peru oder Deutschland; wir müssen verschiedene
innere Phasen durchlaufen, wenn wir etwas lernen und unser Hirn neu
vernetzen möchten. Da sind sich Psychologen, Therapeuten, Trainer und
Co. ausnahmsweise mal einig. Über eine Abkürzung ist Persönlichkeitsentwicklung leider nicht möglich.

20

VERÄNDERUNG – DAS PRINZIP DES LEBENS. Meine Ängste habe ich in den vergangenen Jahren Stück für Stück abgebaut. Du könntest nun vielleicht denken: Der Mann ist angstfrei. Doch weit gefehlt. Auf dem Weg meiner persönlichen Veränderung, des Neuanfangs und der Selbstfindung kommen meine Ängste immer wieder ans Tageslicht. Deutlich reduzierter als früher, doch sie sind noch da. Zum Beispiel während der Arbeit an diesem Buch.

Ich hatte sogar massive Ängste. Wird dieser Weg der richtige sein? Werde ich davon auch in Zukunft gut leben können? Was sagen die Kollegen? Werde ich scheitern? Kommt das überhaupt an? In manchen Nächten konnte ich nicht schlafen, mich überkam nackte Panik. Ich hatte Verlustängste. Irgendwann allerdings habe ich diesen Zustand zum Tor in meine neue Freiheit deklariert. Ich habe die Angst zum Begleiter auf meinem Weg gemacht.

Du möchtest in deinem Leben etwas verändern?

Dann sei dir darüber im Klaren, dass es in jedem Fall unbequem wird.

Willst du dich selbst (neu) er-finden, empfindest du zweifelsohne Angst. Und weißt du was? Das macht nichts. Kaum jemand spricht darüber, doch es ist völlig normal. Geh am besten direkt auf deine Angst zu. In diesem Moment wird sie bereits schwächer. Und irgendwann löst sie sich auf. Mit jedem Schritt in die richtige Richtung wird sie ihre Kraft verlieren.

Veränderung IST. Nur wenn wir uns verändern, bleiben wir uns treu. Selbst wenn du dich nicht verändern möchtest, wirst du nicht der Gleiche bleiben. Allein über Veränderung können wir aus den Grenzen unseres bisherigen Lebens heraustreten und andere Möglichkeiten ausprobieren.

Nur so kannst du ...

... dein Herz für neue Erfahrungen öffnen.
... mit Selbstverurteilungen aufhören.
... wieder ehrlicher zu dir und anderen sein.
... Verstaubtes und Gewohntes abstreifen.
... Menschen hinter dir lassen, die dir Energie rauben.
... auf eine spannende Reise gehen.
... neue Ideen entwickeln, Menschen kennenlernen und Chancen ergreifen.
... offen sein, loslassen und (wieder) mutig in die Welt hinaus schreiten.
... vielleicht sogar gesunden und dich wieder kraftvoll zeigen.
... (wieder) sagen: „Ja, hier bin ich! Seht alle her!"
... Dankbarkeit, Lust und Freude empfinden.
... den Zauber des Neuanfangs spüren.

FAZIT
Im Zweifel – machen!

21 **WOHER KOMMT MEINE ANGST?** Keine Sorge, wir machen hier keine Psychoanalyse. Dafür sind Fachleute zuständig – und die können das sehr gut. Du kannst dich allerdings auch ohne fremde Hilfe auf die Suche nach deinen Ängsten machen. Jedem von uns ist ganz viel passiert – Gutes wie Schlechtes. Doch während uns positive Erfahrungen stark machen, führen negative nicht selten ein Eigenleben.

Der Ursprung meiner Angst liegt vermutlich in einer Begebenheit meiner frühen Kindheit, als ich bei einer Mutter-Kind-Kur für eine Woche von meiner Mutter getrennt wurde. Die Idee: Mütter könnten sich ohne ihre kleinen Kinder besser erholen, weshalb man sie ihnen für eine Weile wegnahm. Das Konzept setzte sich verständlicherweise nicht durch.

Diese eine Woche voll kindlicher Verlustängste hat mich verändert. In meiner damaligen Wahrnehmung hatte ich meine Mutter verloren und war einem vermutlich groben oder zumindest desinteressierten Kinderpflegepersonal ausgesetzt. Nach sieben Tagen war ich abgemagert, krank, panisch und voller Furcht. Vor der „Kur" war das noch völlig anders. Da war ich ein fröhliches und strahlendes Kind. Nach den Vorfällen sprachen aus meinen Augen Angst und Zweifel. Ich sehe das noch heute auf Familienfotos aus dieser Zeit.

Wir alle haben solche oder ähnliche Momente erlebt. In der frühen Kindheit, in der Schule, in der Partnerschaft. Diese einschneidenden Momente prägen uns. Aus unseren Ängsten entwickeln sich über kurz oder lang Rollen, die uns helfen, mit unserer Angst umzugehen. Rollen, die es uns ermöglichen, unsere Angst nicht allzu deutlich zu zeigen und weiterzuleben. Und irgendwann glauben wir womöglich, dass die Vergangenheit uns bestimmt.

Dabei vergessen wir, dass wir frei sind. Deine Vergangenheit definiert dich nicht. Sie hat dich lediglich vorbereitet. Es sind nur selbstgebaute gedankliche Mauern, die uns die Freiheit nehmen. Ja, lach bitte nicht – es sind ausschließlich deine eigenen Hürden, die dich einsperren. Du kannst in jedem einzelnen

Moment eine Entscheidung treffen. Erhalte ich meine neuronalen Muster der Vergangenheit aufrecht, bleibe ich damit festgefahren in der Vergangenheit? Und damit ausgerichtet auf das Problem und meine Angst. Erhältst du also deine Angst oder gehst du einen neuen Weg?

An dieser Stelle kommt meist eine Entschuldigung: „Jaja, schon klar, ich würde es ja ohne Frage tun, wenn dieses Problem aus meiner Vergangenheit nicht existieren würde. – Ich mache das schon noch, wenn ich dieses und jenes noch erledigt habe. – Die Veränderung kann erst kommen, wenn ich dieses eine Seminar noch gemacht habe, wenn ich mal genug Geld zur Verfügung habe, wenn die Liste abgearbeitet wurde, dann werde ich frei sein." So umgibst du dich mit einer Seifenblase aus Selbstbetrug.

Du kannst sie jetzt zerplatzen lassen – oder dich weiter selbst betrügen. Die Freiheit zur Veränderung hast du jederzeit. Auch jetzt, in den Sekunden, in denen du diese Zeilen liest. Du kannst akzeptieren, dass es diese Vergangenheit gegeben hat. Doch sie ist vergangen! Du musst ihr keine Bedeutung mehr beimessen. Du kannst die Weiche in eine neue Fahrtrichtung stellen, denn du sitzt im Stellwerk.

FAZIT

Das wirkliche Leben und eine stetige Weiterentwicklung der eigenen Persönlichkeit erfährt nur derjenige, der den Mantel der Bequemlichkeit abstreift. Derjenige, der seine eigene Verhinderungsfolklore durchbrechen kann. Der Weg ist da, wo die Angst ist.

22

WENN DEIN KOPF MAL WIEDER ANGST PRODU-ZIERT. Ein altes andalusisches Sprichwort lautet: „Die Nacht ist kurz vor dem Sonnenaufgang am dunkelsten." Unmittelbar bevor wir in den Sonnenaufgang hinein ge-hen, müssen wir oft die schwersten Prüfungen meistern.

Gib nicht auf. Voranschreiten lohnt sich. Wenn dein Kopf mal wieder Angst produziert, sag ihr: „Ich sehe dich. Es ist okay, wenn du mich von Zeit zu Zeit besuchen kommst. Aber ich gebe dir keine Bedeutung mehr – denn du bist die Vergangenheit. Bald geht die Sonne auf und ich werde den neuen Tag und mich selbst lieben." Und plötzlich passiert etwas Unglaubliches: Du wirst souveräner, und der ängstliche Gedanke wird schwächer. In diesem Moment verliert das ganze Schauspiel seine Kraft.

Wo Angst ist, da fehlt es noch an (Selbst-)Liebe. Zündest du in der tiefsten Dunkelheit eine Kerze an, dann verzieht sich augenblicklich die Dunkelheit. Und bringst du in einen Raum voller Klammheit und Angst Liebe und Selbst-liebe hinein, dann muss die Angst weichen. Angst ist also sozusagen ein Va-kuum der Selbstakzeptanz und Liebe, ein Mangel an Vertrauen ins Leben. Angst ist der Ort, an dem noch nicht ausreichend Liebe und Leben vorhanden sind.

Solange du dich deinen Ängsten nicht stellst, sie einfach nur deckelst und da-mit verdrängst, umso eher vermehren sie sich. Wenn du deine Vergangenheit und die damit verbundenen Ängste annimmst, akzeptierst, ziehen lässt und den Geist liebevoll auf das Neue und Zukünftige ausrichtest, spürst du Ruhe, Frieden und das Vorhandensein einer neuen Perspektive.

FAZIT

Angst und Liebe verhalten sich zueinander wie Dunkelheit und Licht. Wenn du dich an deine Angst klammerst, vervielfachst du sie und gibst ihr immer wieder neue Nahrung. Lerne loszulassen, was nicht in deiner Macht steht. Erlaube dir einfach nicht mehr, deinen angstvollen Gedanken weiter zu folgen. Erhelle den angstgefluteten Raum mit Selbstliebe. In diesem Moment werden deine Ängste schwinden.

Umgang mit Konflikten

23

WARUM DRUCK GEGENDRUCK ERZEUGT. Du bist sauer, enttäuscht, rasend vor Wut, fühlst dich ungerecht behandelt, könntest ausflippen. Du fühlst dich nicht respektiert, vom Gegenüber schlichtweg überfahren – und die andere Seite ist natürlich daran schuld.

So oder ähnlich beginnt es häufig. Und schon bald gerätst du in eine Abwärtsspirale aus gegenseitigem Misstrauen, destruktiven Energien, Vorwürfen. Ein richtiger Streit ist vergleichbar mit einem Brand, der aus seinem Wüten noch mehr Energie bezieht. Am Ende bleiben nur Chaos und Verwüstung übrig. Streit ist wie ein Feuer. Wenn du es nicht auslöschst, wird es so lange in dir brennen, bis nichts Brennbares mehr übrig ist.

Vor rund 370 Jahren beschrieb Isaac Newton das Wechselwirkungsprinzip „actio est reactio" (lateinisch für „Aktion ist gleich Reaktion"). Es besagt, dass jeder Körper, der einen anderen drückt, von dem anderen Körper genauso stark zurückgedrückt wird. Wenn man mit den Fingern einen Stein hält und dabei Druck ausübt, werden die Finger genauso intensiv vom Stein gedrückt. Wenn ein Pferd einen Wagen zieht, wird das Pferd gleichermaßen in Richtung Wagen gezogen. Klingt kompliziert, ist es aber nicht. Druck erzeugt immer Gegendruck.

Auch im Zwischenmenschlichen gilt das Wechselwirkungsprinzip von Newton: Aktion gleich Reaktion. Versuchst du, einen Menschen mit Gewalt in eine bestimmte Richtung zu drücken, ohne ihn vorher von deinem Vorhaben überzeugt zu haben, so wird er höchstwahrscheinlich dagegenhalten. Druck erzeugt eben Gegendruck. Cleverer ist es, dem Gegenüber einen gewissen Raum zu lassen. Weil es sich freier entscheiden kann, oder das zumindest annimmt, fügen sich die Dinge deutlich häufiger im Einvernehmen.

FAZIT

Was also lehrt uns Newton für den zwischenmenschlichen Alltag? Während Person A immer und um jeden Preis mit dem Kopf durch die Wand und ihren Willen durchsetzen will, hat Person B deutlich mehr erkannt. Person B gibt nämlich den Raum für eine Weile frei und kommt so deutlich einfacher und häufiger zum gewünschten Ergebnis.

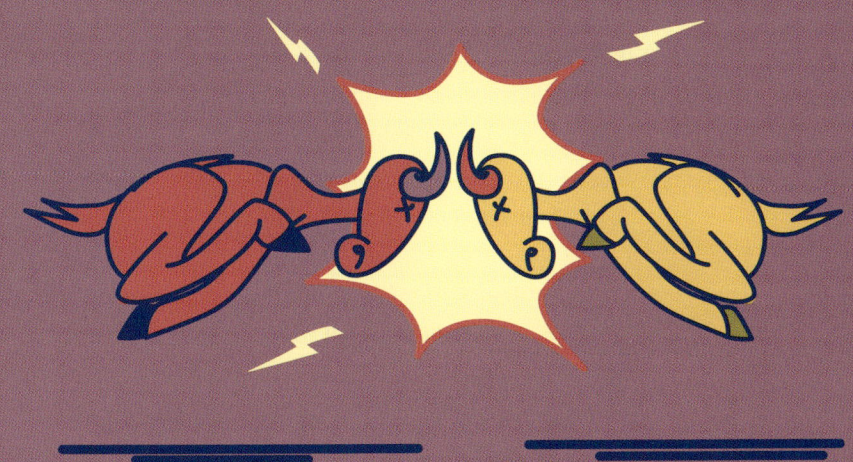

24 **WENN GAR NICHTS MEHR GEHT: PARADOXE INTERVENTION.** Seminarbeginn an einem ganz normalen Werktag. Die komplette Vertriebsabteilung eines mittelständischen Handelsunternehmens trifft sich zu einer Fortbildung. Das Thema: „Konfliktärmer kommunizieren". Doch schon nach wenigen Minuten steht die Luft. Einzelne Mitarbeiter zetteln eine Meuterei gegen die anwesenden Führungskräfte an. Nach lautstarker Diskussion möchten drei Vertriebsleute sogar eine Erklärung verlesen, die alle strukturellen und personellen Veränderungen der vergangenen Monate im Kern anzweifelt. Auch als erfahrener Seminarleiter bekommt man in solchen Momenten einen gewaltigen Adrenalinschub. Und das Dümmste, was man in solch einer

Situation tun sollte, ist, die Gruppe nun verzweifelt um Frieden und Verständigung zu bitten. Das dürfte angesichts der Vorgeschichte kaum funktionieren. Was habe ich also gemacht? Das genaue Gegenteil. Ich habe die Teilnehmer gebeten, ihre Schlagstöcke und Waffen rauszuholen – um den Kampf mit offenem Visier auszutragen, gewalttätig wie im Mittelalter. Eben Auge um Auge, Zahn um Zahn. Wenige Sekunden später habe ich dann noch das „Große Buch der asiatischen Weisheiten" aus meinem Seminarkoffer gekramt und auf den Tisch gelegt. Beides hat die Stimmung erhellt, die Absurdität der Lage klargemacht und die Konfliktparteien zunächst wieder gesprächsfähig gemacht. Grinsend konnten die Konfliktparteien nun wieder in einen Dialog eintreten. In den folgenden Minuten hörte ich im Subtext so etwas wie Ironie heraus. Na, was denkst du – ob die Gruppe sich an diesem Tag wohl noch einmal ernsthaft bekriegt hat?

Meine Intervention an diesem Morgen war zunächst mal paradox. Paradoxe Intervention ist ein hilfreicher Trick, um Widerstände oder Konflikte ins Gegenteil

zu verkehren. Ähnlich wie bei fernöstlichen Kampfsport-Techniken: Wenn jemand drückt – nicht gegendrücken, sondern ziehen.

Die Methode geht auf den Neurologen und Psychiater Viktor Frankl zurück. Er hatte die Idee, dass sich manche Probleme einfacher und effektiver auf indirektem Wege lösen lassen. Frankl forderte seine Patienten auf, problematische Verhaltensweisen nicht zu bekämpfen, sondern zu akzeptieren und sogar zu übertreiben. So sollten Menschen, die zum Stottern neigten, versuchen, absichtlich noch viel mehr zu stottern. Andere, die unter zwanghaftem Aufräumen litten, sollten sich vornehmen, doppelt so oft aufzuräumen wie bisher.

Der menschliche Wille ist zuweilen wie eine Kuh, die einfach nicht in den Stall gehen will, so sehr der Bauer auch drückt und schiebt. Doch wenn er sie am Schwanz in die entgegengesetzte Richtung zieht, dann läuft sie plötzlich nach vorne. Oft setzen wir uns Ziele, erreichen sie jedoch nicht so schnell. Wir wollen entspannter oder effektiver arbeiten, werden aber stattdessen noch verbissener. Wir haben Angst vor etwas, können die Angst aber nicht auflösen. Auch hier kann Paradoxe Intervention helfen. Motto: Mach genau das, was du partout verhindern willst.

Starpianist Glenn Gould kannte diesen Trick womöglich auch. Der Psychologe und Autor Gerd Gigerenzer schreibt in seinem empfehlenswerten Buch „Bauchentscheidungen" (Goldmann Verlag, 2008): Als der Kanadier Gould kurz vor einem wichtigen Konzert völlig desorientiert war, schaltete er im heimischen Übungsraum alle lärmenden Elektrogeräte wie Staubsauger und Radio ein. Er nahm sich auf diese Weise die Konzentration auf sein eigenes Tun. Plötzlich gingen ihm die Stücke wieder wie selbstverständlich von der Hand.

FAZIT

Ein wichtiges Element in der Psychotherapie ist – ganz im Ernst – das Paradoxe. Wenn du ein Problem in stark übertriebenem Maße verstärkst statt bekämpfst, kannst du Emotionen wie Wut, Groll, Aggression und Ähnliches umkehren.

25 DREI SIEBE SCHONEN DEINE NERVEN.

Der griechische Philosoph Sokrates bekommt unerwartet Besuch. Noch völlig außer Atem sagt sein Gast: „Sokrates, ich muss dir etwas über einen deiner Freunde erzählen ...“

„Warte“, unterbricht ihn Sokrates. „Hast du das, was du mir unbedingt sagen möchtest, durch drei Siebe gesiebt?“

„Drei Siebe. Welche denn? Aber das solltest du unbedingt erfahren!“

„Vielleicht. Das erste Sieb ist das Sieb der Wahrheit. Hast du das, was du mir erzählen möchtest, auf seinen Wahrheitsgehalt hin geprüft?“

„Nein, ich hab die Leute bloß reden gehört ...“

„Gut. Dann hast du die Worte der Leute aber doch sicher mit dem zweiten Sieb, dem Sieb der Güte, geprüft. Ist das, was du mir erzählen möchtest – wenn es schon nicht wahr ist –, wenigstens gut?“

„Mmmh. Nein, das ist es ehrlich gesagt nicht. Es ist genau das Gegenteil von gut. Deswegen komme ich ja ...“

„Nun“, unterbricht ihn Sokrates, „dann wollen wir doch noch das dritte Sieb der Notwendigkeit nehmen und uns fragen, ob es wirklich notwendig ist, mir all das zu erzählen, was dich so zu erregen scheint.“

„Naja ...“

„Also“, schmunzelt Sokrates, „wenn es also weder wahr noch gut noch notwendig zu sein scheint, so lass es uns begraben und unsere Nerven schonen.“

FAZIT

Mental starke Menschen achten darauf, was sie zu sich nehmen – nicht nur körperlich, sondern auch geistig. Sie verzichten auf den gewöhnlichen Klatsch, der vor allem die Leere in den Menschen füllt. Sie bevorzugen hochwertiges geistiges Futter, Informationen und Geschichten, die das Leben reicher machen, die wahr, gut oder notwendig sind. Und sie wissen um die Dinge, die sie steuern können.

26 NIMM DIE MENSCHEN, WIE SIE SIND.

Große Hunde begegnen ihren kleineren Artgenossen für gewöhnlich mit Souveränität. Kleine Hunde werden eher zu Angstbeißern. Bei uns Menschen ist das nicht wesentlich anders. Die Erfahrungen unserer Vergangenheit bestimmen, ob jemand unter Druck ausrastet oder souverän bleibt. Ängstliche Menschen verhalten sich anders als mutige. So ist das Leben manchmal wie ein Comic: Asterix und die Römer, Micky und die Panzerknacker, Batman und der Joker.

Unser gesamtes Dasein bewegt sich zwischen solchen Extremen, von der Geburt bis zum Sterbebett. Wärme und Kälte, Trauer und Freude, Erfolg und Misserfolg, Krieg und Frieden, Liebe und Hass. Gäbe es keine Kriminellen, bräuchten wir keine Polizisten.

Oder nehmen wir die sogenannten Zahlenmenschen und die Kreativen. Zwei vermeintlich unvereinbare Welten. Diese Spannung treibt uns alle an. Aus Reibung und Fehlern lernen wir. Unterschiede sind es, die uns lebendig sein lassen.

In Anlehnung an die Kommunikationsstile nach Friedemann Schulz von Thun möchte ich verdeutlichen, wie klischeeartig wir uns oft ein ganzes Leben lang verhalten. Vielleicht bekommst du so ein Gefühl dafür, welche Verhaltensmuster du für gewöhnlich bedienst. Natürlich verkörpert kaum jemand ausschließlich einen einzigen dieser Stile. Diese Betrachtungsweise wäre zu einfach.

Denn auch wer tagsüber im Job den unnahbaren Gewaltbolzen gibt, verhält sich abends in der Rolle des Familienvaters nicht zwangsläufig nach demselben Muster. Wir alle agieren im Leben je nach Rolle, Kontext und Umgebung sehr unterschiedlich.

DIE BEDÜRFTIGEN

„Wie soll ich das bloß alleine hinbekommen? Kannst du bitte mal helfen ...?"

Der Bedürftig-Abhängige demonstriert vor allem seine Hilflosigkeit, traut seinem Gegenüber generell mehr zu als sich selbst. Er belagert gerne Menschen, die ihm schon mal geholfen haben – und dann quengelt er so lange, bis ihm abermals unter die Arme gegriffen wird. Dabei würde er die Aufgabe auch alleine schaffen. Der bedürftig-abhängige Kommunikationsstil lässt auf mangelndes Selbstbewusstsein schließen, das sich durch eine überbehütete Kindheit entwickelt haben kann. Vermutlich wurde der Bedürftig-Abhängige als Kind stark in seiner Persönlichkeitsentwicklung eingeschränkt.

Falls du bemerkst, dass du oft in dieser Form mit anderen kommunizierst, solltest du lernen, dir selbst mehr zuzutrauen, bevor du andere um Hilfe bittest. Probiere Dinge aus und geh doch mal an die Grenzen dessen, was du dir bisher zugetraut hast.

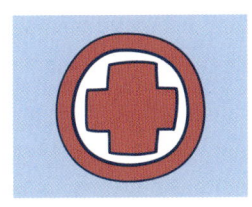

DIE HELFENDEN

„Ich möchte dich sooo gerne unterstützen!"

Wer im helfenden Stil kommuniziert, will besonders belastbar und kompetent erscheinen und bietet daher gerne seine Hilfe an („Helfersyndrom"). Motto: „Schaut her, ich bin stark wie ein Baum und kann euch selbstverständlich allen als Stütze dienen." Helfende üben eine beinahe magische Anziehung auf jene Menschen aus, die Hilfe suchen. Wenn ein Helfender um Hilfe gebeten wird, fühlt er sich bedeutsam. Er hat vermeintlich alles im Griff und ist stets für andere da. Neinsagen – das macht der Helfende so gut wie nie. Keiner würde im ersten Augenblick vermuten, dass ein Helfender vor allem seine Ängste und Schwächen verbergen oder von den eigenen Problemen ablenken möchte. Doch manchmal merkt man, dass selbst der vermeintlich starke Helfer an seine Grenzen stößt. Dann ist er überraschend gereizt. Kein

Wunder. Denn Helfer gehen regelmäßig bis ans Ende ihrer Kräfte. Sie sind deshalb prädestiniert für psychosomatische Probleme oder Krankheiten.

Falls du ein Helfer bist, solltest du versuchen, öfter mal über deine eigenen Schwächen zu sprechen. Neinsagen kann eine echte Weiterentwicklung der Persönlichkeit sein. Du kannst und musst nicht allen helfen.

DIE SELBSTLOSEN

„Ich kann ein bisschen mehr (er)tragen…"

Der selbstlose Kommunikationsstil ist verwandt mit dem helfenden Stil, jedoch mit einem kleinen Unterschied: Der Selbstlose lebt zusätzlich noch eine gewisse Unterwürfigkeit. Er hat nämlich das starke Bedürfnis, sich für andere „aufzuopfern". Dabei passiert es häufig, dass sein Ansehen in der Gruppe leidet oder völlig erodiert („Fußabtreter"). Das mangelnde Selbstwertgefühl ist ein großes Hindernis für jedes überzeugende Auftreten.

Falls du in diesem Stil kommunizierst, solltest du lernen, dich im Gespräch zu behaupten. Sag nicht so oft „man" oder „eigentlich". Sag lieber „ich" und „Nein".

DIE DISTANZIERTEN

„Unter Berücksichtigung der Umstände komme ich nunmehr zu der Überzeugung…"

Der distanzierende Stil wirkt verschlossen, statisch, beherrscht und steif. Wer auf diese Art kommuniziert, lässt niemanden hinter die eigene Fassade schauen und schafft Distanz, um nicht zu viel von der eigenen Persönlichkeit preiszugeben. So jemand ist kein Freund von Gefühlen, neigt zu Generalisierungen und Teflon-Verhalten. Er meidet das Wort „ich", will sich ungern in zwischenmenschliche Abhängigkeiten begeben. Gerüchte, Streitereien, Kollegentalk sind ihm fremd. Er ist frei davon, es anderen Menschen irgendwie recht machen zu wollen. Gespräche verlaufen nüchtern und höchst präzise. Deswegen kann es im Verlauf von Unterhaltungen zu verkrampften Momenten kommen, die sich wie eine halbe Ewigkeit anfühlen. Oft sind diese Menschen erstaunlich emotional. Sie lassen ihre Gefühle aber nicht nach außen dringen.

Falls du so kommunizierst, solltest du lernen, mehr von dir preiszugeben, damit du nicht derart unnahbar wirkst. Sei offener im Umgang mit deinen Mitmenschen. Sag auch mal „ich".

DIE SICH-BEWEISENDEN

„Schaut alle her! Hab ich das nicht wieder prima gemacht?!"

Der Sich-Beweisende profiliert sich gerne vor anderen, denn darüber steigert er seinen Selbstwert. Im Gegensatz zum Aggressiv-Entwertenden macht er das nicht über das Herabsetzen seiner Mitmenschen, sondern durch Aufplustern und Imponiergehabe. Dabei möchte er im Grunde nur seine eigene Unsicherheit verbergen. Weil sein eigenes Selbstwertgefühl von seiner Leistung abhängt, zeigt er stets vollen Einsatz. Fehler sind ihm ein Gräuel und er gilt als absolut zuverlässig. Kollegen fühlen sich dadurch mitunter bedroht. Er steht unter einem permanenten Druck, sich nach außen perfekter zu zeigen, als er in Wirklichkeit ist. Aufgrund der Angst, dass sein „wahres Ich" auf Ablehnung stoßen könnte, versucht er sich nach außen unangreifbar und makellos zu zeigen. Wenn in einer Gruppe mehrere Personen dieser Couleur kommunizieren, entstehen gemeinhin Imponiergehabe und Schaulaufen. Gespräche werden angestrengt, hektisch oder verkrampft.

Wenn du so kommunizierst, solltest du lernen, nicht immer alles als problematisch, fehlerhaft oder unvollkommen anzusehen. Es gibt immer mehrere Möglichkeiten, die Dinge zu betrachten. Sich-Beweisende sollten lernen, dass Selbstliebe zu einer größeren Akzeptanz im Innen und Außen führt.

DIE MITTEILUNGSFREUDIG-DRAMATISIERENDEN

„Ich hätte da mal wieder eine Idee!"

Der Mitteilungsfreudig-Dramatisierende unterbricht seine Mitmenschen gerne mal und nutzt deren Stichworte, um über sich und seine Lieblingsthemen zu schwadronieren. Mit dieser Form der Selbstbespiegelung unterhält er sein Publikum mit grellbunten Geschichten oder epischen Dramen. So jemand redet und redet und redet. Ein echter Dialog ist dabei kaum möglich. Der Mitteilungsfreudige ist nicht selten ein körperbetonter Mensch vom Typ Schulterklopfer, der ausladend gestikuliert und die übertriebene Nähe zu anderen sucht. Letzen Endes fühlen sich diese Menschen unwichtig und wollen sich um jeden Preis interessanter machen.

Falls du in diesem Stil kommunizierst, solltest du dir einen reflektierten Blick auf dein Umfeld aneignen. Ja, es gibt sie, die Interessen, Wünsche und Geschichten der Mitmenschen. Du kannst sie wahrnehmen und Gespräche zu einem echten Dialog machen.

DIE BESTIMMEND-KONTROLLIERENDEN

„Nun ja, Sie sind mal wieder deutlich zu spät!"

Wer bestimmend-kontrollierend kommuniziert, ist der Meinung, dass sich alle am eigenen Perfektionsanspruch orientieren sollten. So pünktlich, präzise und punktgenau wie er ist nämlich niemand. Er liebt ausgefeilte Planung, Kontrolle und Organisation. Am liebsten würde er alles ganz alleine erledigen. So jemand klammert sich gerne an das Tradierte und Altbewährte. Er ist tendenziell eher unflexibel und fantasielos und blockiert für gewöhnlich neue Ideen und Gedanken. Neues würde ja eine Gefahr für die bisherigen Regeln und Abläufe darstellen. Der Bestimmend-Kontrollierende hält pedantisch an Ritualen und Prozessen fest. Er möchte alles in seine Richtung lenken, dominiert viele Abläufe oder bremst sie aus. Selbstkontrolle und Selbstbeherrschung prägen diesen Stil. Dieser Kontrollzwang gegenüber sich und anderen basiert vor allem auf der Angst vor Chaos und Kontrollverlust.

Das Loslassen ist für den Bestimmend-Kontrollierenden die größte Herausforderung. Wenn du so kommunizierst, solltest du versuchen, nicht immer alles kontrollieren zu wollen. Dazu zählt auch, mal die Meinung anderer Menschen gelten zu lassen.

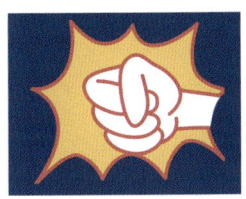

DIE AGGRESSIV-ENTWERTENDEN

„Das ist ja eine selten blöde Idee!"

Wer so kommuniziert, will sein Gegenüber abwerten oder degradieren und sich damit selbst aufwerten. Er wirkt nach außen latent aggressiv, mitunter auch jähzornig, eruptiv oder gar bösartig. Mit seiner harten Schale möchte er seine Ängste verbergen. Denn der Aggressiv-Entwertende glaubt, „die anderen" würden sofort angreifen, wenn er nicht jederzeit vorbeugt. Deshalb will er die Oberhand behalten. Dadurch unterdrückt und verletzt er jedoch seine Mitmenschen, was häufig für Spannungen sorgt.

Falls du dazu neigst, im aggressiv-entwertenden Stil zu kommunizieren, solltest du darauf achten, nicht persönlich und verletzend zu werden, sondern versuchen, dir ein gesundes Maß an Empathie und Taktgefühl anzueignen.

FAZIT

Wir treffen ein ganzes Leben lang auf Menschen mit unterschiedlichen Überzeugungen, Werten und Weltanschauungen. Jeder betrachtet die Welt und seine Mitmenschen durch seine eigene Brille. Jeder von uns ist immer nur so weit, wie er eben ist. Wenn wir verstehen, dass jeder von uns mit den Dellen, Erfahrungen und Mustern seiner Vergangenheit durchs Leben läuft, begegnen wir einander plötzlich anders.

27 VON ENERGIERÄUBERN UND RÖMERN.

Ärgere dich nicht, wenn man dich ärgert.
Wenn man dich beneidet, dann nimm es hin.
Es macht dich in jedem Fall interessanter.
Und wer dich verletzt, der macht dich stärker.
(Weisheit aus Asien)

Es gibt Menschen, die streiten sich beinahe täglich mit ihren Arbeitskollegen. Andere sind am Ende ihrer Kräfte, weil sie in einer destruktiven Beziehung leben. Wem soll man von außen betrachtet die Schuld an der jeweiligen „Katastrophe" geben? Alle diese Menschen hätten die Möglichkeit gehabt, dem Magnetismus, der von der jeweils anderen Seite auf sie wirkt, zu entkommen. Doch stattdessen sind sie geblieben, haben sich dem ausgesetzt, sich wochen- oder gar jahrelang aufgeregt und damit zumindest unbewusst auch ihre eigenen negativen Bedürfnisse befriedigt.

Manche Menschen wählen exzessive Kommunikationsformen und jammern oder streiten gerne, weil sie sich dann besser spüren. Vielleicht gibt ihnen ausgerechnet das den täglichen „Kick".

Lass diese Energieräuber dort, wo sie häufig sind – ganz unten. Du musst ihnen nicht in ihren fauligen Keller folgen. Winke noch mal freundlich und dann such dir Menschen, die dich stärken, motivieren und an dich glauben.

FAZIT

Lass dich nicht provozieren. Du hast die Möglichkeit, Energieräuber zu umgehen. Schon bei den Römern galt der Rückzug als eine der wichtigsten taktischen Maßnahmen.

28

VON MACHTKÄMPFEN UND RECHTHABEREI. Ein Künstler muss radikal sein, mit sich hadern, aus Konflikten seine Kraft beziehen. In der Radikalität steckt seine Energie, das Besondere, das Ungewöhnliche. Doch hilft uns Radikalität in anderen Bereichen des Lebens weiter? Nur bedingt. Machtkämpfer und Besserwisser sind wie Stechmücken. Sie nehmen Energie in sich auf, rauben dir deinen Frieden, hinterlassen einen hässlichen Juckreiz und fliegen dann einfach davon.

Einen Großteil aller Konflikte gibt es nur, weil zwei verbohrte Streithähne es nicht geschafft haben, miteinander zu reden. Der eigentliche Streitgegenstand ist meist verletzte Eitelkeit, mangelnde Wertschätzung. Wer sich im Miteinander nicht wahrgenommen fühlt, macht einen Kriegsschauplatz auf. Wer kämpft und sich verbeißt, wer lauthals „das Böse" angreift, der schreit im Grunde verzweifelt nach Liebe.

Wenn wir diese Gedanken in Konfliktsituationen erinnern können, dann bewahren wir unsere innere Autonomie. Wir sind dann im sprichwörtlichen Sinne der/die Klügere. Wenn wir erkennen, dass sich Streitsucht, Machtkämpfe und Rechthaberei aus mangelnder Selbstliebe speisen, dann macht uns das zum Souverän in Situationen, in denen andere Menschen bereits unreflektiert durch die Decke gehen.

Viele von uns können das (noch) nicht. Sie setzen souveränes Handeln gleich mit Gutheißen. Ein Stück zurückzutreten bedeutet aber nicht, dass du das Verhalten des anderen in Ordnung findest. Es bedeutet, dass du deinen Ärger und deine Enttäuschung akzeptieren kannst.

FAZIT
Streit und Unfrieden im Außen sind stets das Ergebnis einer inneren Unordnung, ein Spiegel des Unfriedens mit sich selbst.

29

VON SCHWATZHAFTIGKEIT UND ÜBLER NACH-REDE. Auf diesem Planeten leben auch schwatzhafte Menschen. Sie sagen gerne mal Sätze wie:

Von mir hast du das aber bitte nicht…
Wie kann man nur…!?
Hast du das auch schön gehört…?

Menschen lenken ihre Aufmerksamkeit nur allzu gerne auf andere. Sie dienen sich dabei gegenseitig als Projektionsfläche, als Parabolspiegel für Sehnsüchte, Unvermögen, Wünsche, Hoffnungen, Hassgefühle. Menschen mit mangelndem Selbstwertgefühl tendieren deutlich häufiger zu Neid, Eifersucht und der Herabwürdigung anderer. Der Nährboden für Zwietracht, Mobbing und Missgunst sind oft Minderwertigkeitsgefühle, Angst oder Scham.

Wenn in deinem Umfeld mal wieder irgendein Gewäsch die Runde macht, überlege: Kennst du wirklich die Fakten? Willst du dich an Mobbing, Ausgrenzung und Missgunst beteiligen? Oder möchtest du dich stattdessen fragen: „Wer weiß, ob das wirklich wahr ist? Wer weiß, warum er/sie so handelt oder gehandelt hat? Wer weiß, wozu das den Beteiligten möglicherweise dient?"

Gerüchte und üble Nachrede schaffen unnötige Kriegsschauplätze. Wer selbst keine Gerüchte verbreitet und sehr sparsam mit internem Gewäsch umgeht, wird trotzdem immer über die meisten Ereignisse informiert sein. Geh entschieden und ausdauernd deinen Weg. Der Weg, den deine Intuition dir aufzeigt. Erlaube deinen Mitmenschen, ihren eigenen Weg zu gehen, auch wenn er das Gegenteil von deinem ist. Bleib fair, ergreife keine Partei. Halte dein Herz offen. Nur so kannst du für Ausgleich, Einklang und Verständigung sorgen und qualifizierst dich damit letztlich auch für höhere Aufgaben.

Beteilige dich nicht an Klatsch und Tratsch, rede nicht negativ über andere. Denn man begegnet vielen Menschen im Leben mehrfach. Im Theater, als neuem Chef, als Mitbewerber beim nächsten Casting, bei einer Hochzeit. Böse Gerüchte und üble Nachrede sind vermeidbare Beziehungskiller. Sie holen dich aber oft ein. Spätestens auf dem Weg nach unten. Arbeite lieber an deinem Selbstwertgefühl. Wenn du deinen Selbstwert stärkst, wirst du unabhängiger von deinem Umfeld. Mit einem guten Selbstwertgefühl kannst du auch andere aufwerten.

30 DER/DIE GEHT GAR NICHT ...

Kaum finde ich eine Kollegin oder einen Kollegen spannend – schon wollen mir andere einreden, dass der oder die ganz bestimmt NICHT ok ist. Kaum finde ich jemanden vertrauenswürdig oder charakterstark, schon kommen mindestens drei Leute, die wissen wollen, dass ich bei dem/der besser mal vorsichtig sein solle. Kaum halte ich jemanden für ein Ausnahmetalent, schon möchte mir jemand weismachen, dass er oder sie aber doch nun wirklich äußerst schwierig sei und höchstwahrscheinlich auch noch egozentrisch.

Solche Einschätzungen und Bewertungen hört man im Leben fast überall. Man kann das glauben, muss es aber nicht. Neid, Missgunst und Vorurteile sind häufig nur ein Platzhalter für fehlende Erfahrung mit sich selbst und anderen.

FAZIT

Manche verurteilen gerne mal ihre Mitmenschen. Ich versuche diese Bewertungen zu ignorieren und verlasse ich mich vor allem auf eins: mein Gefühl. Damit bin ich stets am besten gefahren, denn letztlich ist alles sehr subjektiv – und ziemlich relativ.

31

LIEBE UND HASS – DIE HÖRNER DER GLEICHEN ZIEGE Niemand spricht gerne über seinen Hass. Er beginnt tief unten in deinen Eingeweiden. Ganz tief im Inneren. Dort, wo er sich ballt, verstärkt und dann zu brodeln beginnt. Wenn dieses Feuer dann langsam nach oben steigt, wird der Hass sichtbar. Hass ist wie ein Vulkan, der sich seinen Weg an die Oberfläche bahnt. Deine Augen werden groß und größer, du presst deine Zähne aufeinander, reibst sie aneinander. Und dann bricht es aus dir heraus: „Ich hasse dich!"

Die Sekretärin eines ehemaligen Chefs habe ich gehasst. Und sie mich. Damit nahmen wir eine Menge Platz im Kopf des jeweils anderen ein. Selbst mit räumlichem Abstand, Jahre später, war sie immer noch präsent, ein Feindbild. Viele Jahre später kehrt nun endlich Frieden in mir ein. Ich kann ihr verzeihen für all das, was sie mir nachgesagt und angetan hat – mit ihrer dogmatischen Grundstruktur, ihrer zugespitzten Art, ihren ketzerischen Bemerkungen, ihren zuweilen unfairen Aktionen. Weil ich all das in mir befriedet habe, kann ich ihr verzeihen. Verzeihen geht nur Stück für Stück, nur aus dem eigenen inneren Frieden heraus.

Ob es ihr ähnlich geht? Ich würde es ihr wünschen – dass sie zu der gleichen Überzeugung gekommen ist, dass jeder von uns nur so weit ist, wie er eben ist, dass jeder im Leben seine Aufgaben zu erledigen hat. Dass jeder von uns dabei etwas lernen kann und vielleicht sogar soll.

Vielleicht macht es dieses Leben ja noch möglich, dass wir uns irgendwann die Hand geben, uns dabei friedvoll in die Augen schauen, vielleicht sogar anlächeln und sagen: „Es tut mir leid. Bitte verzeih mir. Ich danke dir."

Ich arbeite daran. Vergebung ist die große Chance, seine eigenen Verletzungen zu heilen.

Wenn du an einen bestimmten Menschen denkst: Ist da noch Groll in dir? Ist da noch Hass oder Verachtung? Lass die Gefühle endlich los und mach Frieden mit der Vergangenheit. Du kannst sie nicht mehr ändern. Alle Erfahrungen hatten einen Sinn. Du ziehst Leute in dein Leben, die dich herausfordern. Andere ziehen dich in ihr Leben, weil du sie herausforderst. Liebe und Hass, so besagt ein altes Sprichwort, sind die Hörner der gleichen Ziege.

Wer auch immer in dein Leben tritt und dich zu einer starken emotionalen Reaktion bringt, denk daran: Er oder sie ist ein universeller Lehrer. Denk dir: „All diese Menschen werden in mein Leben geschickt, damit ich von ihnen lerne. Wer mich ablehnt oder kritisiert, macht mich reflektierter. Wer mich zu Zorn und gewalttätigen Gedanken bringt, der hat viel mit mir gemein." Warum das so ist, damit beschäftige ich mich im folgenden Kapitel.

FAZIT
Danke von ganzem Herzen allen Menschen, die dich herausfordern. Denn sie fordern und fördern dich. Verzeihen heißt, bereit zu sein, die Schuld des anderen zu streichen, den Ärger endgültig loszulassen.

32 AGGRESSION IST NUR DEINE LETZTE KRAFT.

Manchmal steht die Luft. Der Chef rastet aus, ein Kollege betrachtet dich plötzlich als Konkurrenten, dein Partner zettelt einen heftigen Streit an. Nun hat sich eine Menge Energie aufgestaut und entlädt sich wie ein brodelnder Vulkan.

Wenn zwei Menschen aufeinander treffen, die sich verhaken, nicht riechen können, einen latenten Streit ausfechten, sich nicht mal die Butter auf dem Brot gönnen, dann haben sie IMMER Gemeinsamkeiten. Nur dann können sie zueinander in Resonanz gehen.

Hahaha, da lachst du noch sehr überlegen vor dich hin! Was? Der/die soll mit MIR was gemeinsam haben? Bevor du das nun weit von dir weist und meine Worte als völligen Unsinn abtust – deine Reaktion ist der beste Indikator dafür, dass es genau so sein muss.

Wenn zwei Streithähne sich gegenseitig piesacken, dann müssen sie sich sehr ähnlich sein. Im Psychologie-Studium lernt man: Ein Mitmensch kann einen nur zu derartigen Gefühlen bringen, wenn

- er etwas hat, was ich an mir selber ablehne, verbergen möchte oder sogar verachte,
- er etwas hat, was ich auch gerne hätte.

In den 1980ern bin ich regelmäßig mit einem erfahrenen Psychotherapeuten nach Belgien gefahren. Wir beide haben dort eine Radiosendung gemacht. Wann immer ich mich in seiner Gegenwart über irgendeinen Zeitgenossen aufgeregt habe, sagte er mit stoischer Ruhe: „Der oder die muss etwas haben, was du gerne hättest oder ganz besonders an dir ablehnst. Resonanz in dir entsteht, wenn ein Anteil vorhanden ist, der zum Schwingen gebracht wird. Ohne diesen eigenen Anteil in dir würde dich die Art des anderen, ein Konflikt mit dem Gegenüber oder ein Ereignis nicht derartig berühren." Und dann sagte er noch: „Patrick, denk mal spontan an einen Menschen, der dich so richtig zur Weißglut bringen kann. Was stört dich an dieser Person SO sehr? Welche Charaktereigenschaft ist dafür verantwortlich? Was macht dich an ihrem Verhalten so verrückt? Womit kann sie dich zum Siedepunkt bringen?" „Na?", sagte er dann: „Kannst du die Gemeinsamkeiten zwischen euch erkennen?" Ja, ich konnte die Ähnlichkeiten manchmal finden.

Wenn ich beispielsweise einen unordentlichen Menschen ablehne, dann sagt das eine Menge über mich. Zum Beispiel, dass ich immer pedantisch auf Ordnung achte – mir aber auch gerne mal ein wenig Unordnung gönnen würde. Doch mein Kontrollzwang lässt es nicht zu. Und gleichzeitig mag ich meine hyperkorrekte Präzision und Ordnung auch nicht wirklich, da sie mich stets im Hamsterrad des Sortierens und Ordnens gefangen hält.

Auch wenn du die Zusammenhänge bei manchen deiner „Lieblingsfeinde" nicht sofort erkennen kannst, glaub mir – sie sind vorhanden. Befrage einfach mal einen neutralen Dritten. Er hat den nötigen Abstand, kann dir den Perspektivwechsel ermöglichen.

Weil diese Erkenntnis für das Verständnis des Menschseins von so zentraler Bedeutung ist, möchte ich sie gerne noch einmal wiederholen. Was mich an anderen Menschen abstößt, weist auf eine Resonanz in mir selbst hin. Was ich an anderen Menschen hasse oder verabscheue, weist auf ein Vorhandensein dieser Eigenschaften in mir selbst hin.

FAZIT

An anderen Menschen stört mich vor allem ... was ich eigentlich gerne selber hätte (aber leider nicht habe) ... was mich an meiner eigenen Person so arg stört (und ich gerne verdränge). Menschen, die Ärger, Groll und Widerstand in dir auslösen, kannst du ohne ihr Wissen zu deinen universellen Lehrern machen.

33

DER REIFEGRAD BEI KONFLIKTEN. Wer angriffslustig ist, wünscht sich im Grunde nur deine Aufmerksamkeit. Nicht selten geht es um den Wunsch nach einer freundlichen Geste oder einem lächelnden Blick. Ja, meist geht es dabei um Anerkennung und Bedeutung.

Jeder von uns gibt vermutlich sein Bestes, kann zu einem bestimmten Zeitpunkt (noch) nicht anders. In fünf Jahren sind wir womöglich weiser als heute, in zehn Jahren dann hoffentlich erst recht. Jeder von uns versucht zu überleben. Jeder von uns hat irgendeine kräftezehrende Baustelle, von der die anderen meist nichts wissen. Jeder von uns hat es immer so gut gemacht, wie er es eben konnte.

An ein paar „Parametern" kannst du den sogenannten kommunikativen Reifegrad deines Gegenübers erkennen.

- Er/sie schafft es, auch in Drucksituationen gefasst zu bleiben.

- Er/sie kann die Sache, um die es geht, von deiner Person trennen, formuliert keine Schuldzuweisungen, nimmt Kritik nicht persönlich.

- Dein Gegenüber verzichtet bei Streitigkeiten auf „Tradiertes", auf Unterstellungen, tischt nicht die immer gleichen alten Kamellen auf.

- Dein Widersacher akzeptiert, wenn du aus dem Streit aussteigen willst.

- Er/sie kommuniziert mit offenem Visier, redet klar, direkt und ehrlich mit dir, auch wenn es atmosphärisch schwierig wird.

- Die Person verzichtet auf Manipulieren, Tricksen oder Lügen und verhält sich im Konflikt geradlinig.

FAZIT

Hadere nicht mit deinen Mitmenschen, wenn sie deine Reifestufe noch nicht erreicht haben. Kommt dir jemand quer, dann bewahre deine Selbstachtung und vertrete konsequent, klar und aufrecht deine Haltung. Bleib geerdet, wünsche dem anderen das Beste. Vergib dir und deinen Mitmenschen. Sonst ziehst du ein Leben lang Bojen aus Giftmüll hinter dir her. Verzeihen tun wir also in erster Linie für uns selbst. Wer vergibt, nimmt Verurteilungen zurück.

Innere Haltung und Klarheit

34

TIEFSCHLÄGE: DURCH DEN SCHLAMM. Tiefschläge verschließen nicht selten unser Herz. Wir gehen innerlich auf Distanz zu unseren Mitmenschen und letztlich auch zu uns selbst. Wir hören auf, unsere wahren Gefühle und Gedanken zu zeigen, und verstellen uns, um künftigen Schmerz zu vermeiden. Das macht unser Leben mitunter flüchtig und oberflächlich.

Warum musst du dich tagelang ärgern, nur weil jemand eine dumme Bemerkung macht? Wieso musst du deprimiert und verzweifelt sein, wenn Dinge schieflaufen oder du mit einer Idee scheiterst? Weshalb musst du dein ganzes Leben lang unter der Erziehung deiner Eltern leiden?

Eine Lebensweisheit meines Vaters ist mir auch viele Jahre nach seinem Tod in wundervoller Erinnerung: „Du musst im Leben auch mal durch tiefen Schlamm waten – damit du den festen Boden wieder würdigen kannst." Vieles hat er angenommen, so, wie das Leben es ausgeteilt hat. Auf diese Weise konnte er beinahe jede Situation umwidmen. Darüber gesprochen hat er selten, doch er hat es mir vorgelebt.

Seinen Pragmatismus habe ich bewundert: Alles im Leben ist ein Geschenk. Erst, wenn du dich dem Gedanken öffnest, dass jede Erfahrung ihren Wert hat, dann öffnest du dein Leben für Gelassenheit, Vergebung, Vertrauen. Nimm an, was war. Nimm hin, was dich gerade herausfordert.

Wenn es dir gelingt, einer negativ erlebten Situation durch Akzeptanz und Umkehrung neue Perspektiven abzugewinnen, kann das eine Sternstunde für dein Fortkommen sein. Wenn du etwas schrecklich findest, denk erstmal das genaue Gegenteil. Ja, verkehre das zunächst Gedachte ins Gegensätzliche. Denn jeder Krise wohnt auch eine Chance inne. Sieh es doch einfach mal so: Das Leben schenkt dir eine Aufgabe. Und du darfst sie lösen. Ja, und wenn du das geschafft hast – dann schickt es dir die nächste.

FAZIT
Denk das Gegenteil! Dein Leben ist vermutlich dann gut, wenn du die Katastrophen, die bei jedem von uns eintreten, durch die richtige Haltung dazu auffängst. In diesen Momenten strahlst du für die Welt.

35

IM SOMMER ZU HEISS, IM WINTER ZU KALT. Viele Menschen beschweren sich von morgens bis abends über dieses oder jenes. Im Januar nerven Kälte und Schneematsch, im Februar sind es Kälte und Karneval, im März ist es die mangelnde Sonne, im Sommer ist es viel zu heiß und vor Weihnachten stört natürlich der unsägliche Stress. Kürzlich hat mir die Verkäuferin in unserer Dorf-Bäckerei erzählt, dass Kunden sich sogar über die falsche Form der Brötchen beschweren und sie deswegen umtauschen möchten. Mit dieser Haltung wird das Leben irgendwann zu einer einzigen großen Entbehrung.

Na, fühlst du dich ertappt? „Be-schwerst" auch du mit ähnlichen Gedanken dein Leben? Glaubst du, es würde dich schlecht und ungerecht behandeln? Bist du vielleicht sogar der festen Überzeugung, das Leben habe dich um irgend-

was Wichtiges betrogen? Dann könntest du sogar zu der kruden Überzeugung kommen, das Leben müsse dich für all das entschädigen.

Hier kommen ein paar harte und deutliche Sätze: Kein Mensch schuldet dir etwas. Nur du schuldest dir einen Ausbruch aus dem Selbstmitleid. Die Welt interessiert sich nur für das, was sie von dir bekommen kann. Wenn du nichts anzubieten hast, wird sie dich ignorieren. Denn menschliches Handeln kennt laut Verhaltensforschung nur ein einziges Ziel: irgendeinen Vorteil oder ein gutes Gefühl zu erlangen. Wenn du also mit anderen Menschen in Kontakt trittst, steht über der Begegnung die eine zentrale Frage: Was habe ich davon? Klingt hart, ist aber so. Und wenn du nichts anzubieten hast und nur jammerst, dann ist das schlecht – für dich.

Leiden wirst du nur, wenn du in allem eine Beschwerung siehst, dem Schicksal Macht über dich gibst. Ich weiß, das klingt dickhäutig und wenig mitfühlend – es ist aber so. Du selbst fügst dir den überwiegenden Teil des Leids selber zu, indem du dich als vom Leben ungerecht Behandelter oder gar Opfer siehst, das keine Wahl hat, über seine Gefühle frei zu bestimmen.

FAZIT

Das Leben schuldet dir nichts. Andere schulden dir nichts. Du bist auf die Welt gekommen – und jetzt bist du dran. Ganz allein. An dieser Stelle darfst du gerne weinen. Oder geh hin und hole dir, was du wirklich möchtest.

36

WARUM DU AUS DER STÄRKE HERAUS HANDELN SOLLTEST. Ich hatte mal eine Kollegin an der Journalistenschule, die, wenn sie mich erblickte, gerne ihren Frust und ihre Sorgen bei mir ablud. Die Kollegen seien schlecht zu ihr, sie werde gemobbt, ausgegrenzt und von oben herab behandelt. Beim ersten Gespräch habe ich ihr noch geduldig zugehört und ein paar Tipps gegeben. Bei der zweiten Begegnung wurde ich stutzig. Schon wieder war sie das Opfer, alle hatten sich angeblich gegen sie verschworen. Bei der dritten Begegnung habe ich ihr sehr ehrlich meine Sicht auf die Dinge erzählt:

Wer Opfer wird, hat vielleicht mal Pech gehabt. Wer Opfer bleibt, ist selber schuld. Auch wenn das unsäglich gemein klingen mag: Opfer haben Vorteile. Sie bekommen reichlich Zuwendung. Sie können ihre Wunden lecken, während die anderen ihnen Mitgefühl und Trost entgegenbringen. Und Mitleid tut Opfern so gut! Und wenn der Mechanismus mal nicht mehr greift, dann legt das Opfer eine Schippe Drama oben drauf – und kann sich gleich wieder der üblichen Aufmerksamkeit sicher sein.

Doch solch ein Verhalten kann das seelische Leid eines Opfers zwar etwas lindern, aber nicht vertreiben. Wer dem Schicksal oder anderen die Schuld für die eigene Lage gibt, macht sich anfällig für Manipulationen durch Mitmenschen. Wer sich nicht selbst liebt, deswegen schwach oder unsicher agiert, der kommt unter die Räder. Denn der Löwe erkennt das schwächste Gnu. Wenn jemand in einer Gruppe erst einmal die Opferrolle eingenommen hat, dann wird er/sie diese selten wieder los.

FAZIT

Erst ein defensives und unsicheres Verhalten lädt andere ein, auf dir herum zu trampeln. Denn unter der polierten Oberfläche geht es stets auch um Faktoren wie Macht, Einfluss, Sieg, Niederlage und Rang. Und wer nicht selbstbestimmt oder selbstbewusst handelt, der wird von anderen bestimmt.

37

WARUM ALLES SUBJEKTIV UND RELATIV IST. Ein Absageschreiben auf meine allererste Bewerbung hängt nun schon viele Jahre in unserem Gäste-WC. Ich habe es irgendwann sogar eingerahmt:

Sehr geehrter Herr Lynen,
besten Dank für Ihre Bewerbung bei Medienunternehmen XY. (...)
Ich muss Ihnen leider mitteilen, dass uns selten zuvor eine derart untalentier-
te Darbietung erreicht hat. Daher empfehle ich Ihnen dringend, Ihr berufli-
ches Glück in einem anderen Berufsfeld als dem Journalismus zu suchen. (...)
Bitte sehen Sie von weiteren Anfragen ab.
Hochachtungsvoll

Nach dem Lesen dieser Zeilen habe ich erst einmal geschluckt. Ein paar Minuten später kam ich zu einer Haltung, die ich mir seitdem bewahrt habe:

- Gegenwind spornt an.
- Einschätzungen sind immer subjektiv.
- Und wer einem blutigen Anfänger ein derart vernichtendes Urteil zumutet, dem darf man wohl die soziale Kompetenz absprechen.

Treppenwitz an der Geschichte: Mit exakt der gleichen Bewerbung bekam ich wenige Wochen später einen Job bei RTL in Luxemburg. Der Unterhaltungs-chef sagte mir, dass meine Art der Moderation eine „besonders sonnige An-mutung" habe.

FAZIT

Wir Menschen haben weder die Fähigkeiten noch die Kompetenzen, et-was objektiv beurteilen zu können. Wenn wir Urteile fällen, sind sie immer subjektiv. Niemand kann dir schlechte Gefühle machen, wenn du das nicht zulässt. Ohne deine Erlaubnis kann dich niemand verletzen oder herabsetzen.

38

TROTZDEM JA ZUM LEBEN SAGEN. Das Unfassbare, das dem Neurologen und Psychiater Viktor Frankl in seinem Leben widerfahren ist, ist kaum in Worte zu fassen. 1942 verschleppten die Nazis ihn und seine Familie in Konzentrationslager. Seine Eltern und seine Frau wurden dort ermordet. Nur Viktor Frankl, der später zu einem der bedeutendsten Psychologen unserer Zeit wurde, überlebte die Lager Theresienstadt, Auschwitz und Dachau. Mit anderen Überlebenden wurde er 1945 von den Alliierten befreit. Szenen aus einer Dokumentation der US-Armee, die ich vor einigen Jahren sehen konnte, haben sich tief in mein Gedächtnis gegraben.

Viktor Frankl verarbeitete seine traumatischen Erlebnisse in seinem Buch „Trotzdem Ja zum Leben sagen. Ein Psychologe erlebt das Konzentrationslager" (dtv, 1998). Es mündet in die Analyse, warum aus seiner Sicht er selbst und ein paar Mitgefangene dieses unvorstellbare Grauen überlebten und daran nicht komplett zerbrachen.

So beschreibt Viktor Frankl in nüchternem Ton, dass insbesondere jene Menschen eine größere Überlebenschance hatten, die ihre Perspektive veränderten und sich damit über die Zustände im Lager hinweg ein Ziel setzen konnten. Eines, das in der fernen Zukunft lag, auf das man in Gedanken hinarbeiten konnte. Für Frankl selbst war das Ziel, nach der Befreiung von diesen Erlebnissen zu berichten. Damit verlieh er dem täglichen Wahnsinn und Leiden um ihn herum einen subjektiven Sinn. Viktor Frankl gelang es tatsächlich, die Situation als eine Art Experiment zu sehen, das ihm als Psychologen die Möglichkeit gab, Extremsituationen zu erfahren und zu studieren, um die Erkenntnisse später weiterzugeben.

Eine weitere Stärke, die Frankl bei sich entdeckte, war die Fähigkeit, sich in seine Innenwelt zurückzuziehen. Dort versuchte er, die Liebe und Wärme seiner Frau zu spüren, mit ihr in Gedanken zusammen zu sein.

Eines Abends wurde Viktor Frankl von seinen Mitgefangenen aufgefordert, in ihrer Baracke eine Ansprache zu halten. Er ließ sich überreden. Seine Worte handelten davon, dass sich jeder etwas suchen sollte, das ihn mit Licht und Wärme ausfüllte, auch wenn die Umgebung es kaum möglich macht. Viktor Frankl wusste, dass diejenigen, die innerlich bereits mit ihrem Leben abgeschlossen hatten, eine sehr geringe Überlebenschance hatten.

FILMTIPP

All diese Gedanken haben Regisseur Roberto Benigni zu seinem Film „Das Leben ist schön" inspiriert, der vom Überleben im KZ handelt. Sehenswert!

Vertrauen

39 WIE VERTRAUEN DEINEN ERFOLG ABSICHERT.

„Wem soll ich denn bitteschön vertrauen", sinnierst du nach dieser Überschrift vielleicht vor dich hin. „Hier köchelt der Konkurrenzkampf am Arbeitsplatz, dort werden sicher geglaubte Geldvermögen durch Zockerei an den Finanzmärkten bedroht und an anderer Stelle Jobs abgebaut."

Ja, du hast recht: Vertrauen ist in der Arbeitswelt ein knappes Gut. Und das ist gut so. Denn der Wert von Vertrauen steigt mit deren Verknappung. Es gibt nur wenige Kollegen, denen man wirklich vertrauen kann. Wenn du also im Berufs-, ebenso wie im Privatleben bei deinen Mitmenschen für Vertrauen sorgst, kannst du nur gewinnen.

Wenn du hältst, was du versprichst, bekommst du alles, was du in der globalen Welt brauchst: Menschen, die dich stützen, die hinter dir stehen, auch wenn es mal eng wird. Ich nenne das „mein unerschütterliches Respektnetzwerk". Und das basiert auf purem Vertrauen, dem wertvollsten Gut in einer sich immer schneller drehenden Welt.

Vertrauen ist keine Qualifikation, die du dir aneignen kannst, sondern ein Kondensat aus glaubwürdigem Verhalten. Auf vertrauenswürdige Menschen kannst du dich verlassen. Vertrauen genießt du, wenn du tust, was du versprichst. Wenn du am Ende sogar mehr tust, als du versprochen hast.

Vertrauenswürdige Menschen vertrauen auch ihren Mitmenschen. Sie ziehen ihr Vertrauen erst zurück, wenn sie nachweislich getäuscht oder enttäuscht wurden. Und sie erlauben anderen nach einer angemessenen Frist trotz allem, erneut ihr Vertrauen zu gewinnen.

Wir vertrauen authentischen Menschen, die uns nichts vorspielen, die auch mal einen schlechten Tag haben. Sie bestärken uns in unseren Stärken, sie geben ehrliches Feedback bezüglich unserer Schwächen.

Viele Menschen neigen in Krisenzeiten dazu, Druck an andere weiterzugeben oder ihre schlechte Laune an ihren Mitmenschen auszulassen. Vertrauensvolle Menschen achten persönliche Grenzen, sie bleiben auch bei Kritik sachlich und fair. Sie erlauben und verzeihen Fehler. Sie wirken gelassen, auch wenn um sie herum das völlige Chaos tobt. Und wenn sich etwas entgegen einer Vereinbarung ändert, dann begründen sie das.

Misstrauen ist eine Art Schutzschild, der uns vor schlimmen Erfahrungen bewahren soll. Doch wer nicht vertraut, findet auch kein Vertrauen. In der Psychologie nennt man dieses Phänomen „Selbsterfüllende Prophezeiung". Mein Umgangsstil ruft in meinen Mitmenschen genau jene Antwort hervor, die meinen „Hochrechnungen" entspricht.

Blocke ich auf Basis der Erfahrungen in meiner Vergangenheit erst einmal ab, werde ich vermutlich seltener enttäuscht, doch ich nehme mir auch die warmherzige Resonanz ins Leben. Menschen vertrauen zu können ist wichtig für unser seelisches Wohlbefinden. Deswegen habe ich für mich entschieden, meinen Mitmenschen trotz übler Enttäuschungen immer wieder einen Vertrauensvorschuss zu geben. Den kann ich immer noch zurückziehen, wenn mein Bauch mir ab einem gewissen Punkt zu viele Warnsignale sendet.

FAZIT

Mit dem Gedanken, dass es viele liebenswerte und vertrauenswürdige Menschen auf diesem Planeten gibt, lebt es sich zufriedener. Ich habe mich deswegen entschieden, anderen Menschen immer wieder einen Vertrauensvorschuss zu geben.

40

ICH LIEBE RESPEKTNETZWERKE. Seit Jahren knüpfe ich an einem flexibel agierenden Kontakt- und Respektnetzwerk. Ich glaube, dass solche Netzwerke in Zeiten rasanter Veränderung ein Erfolgsmodell sind. Wenn Menschen mit einem ähnlichen Wertekontext miteinander arbeiten, entsteht Vertrauen, eine sehr belastbare Basis. Als Freiberufler weiß ich das zu schätzen. So geht es auch mal ohne Verträge und Schriftstücke. Und so freue ich mich beinahe jeden Tag über diese Menschen, mit denen ich vertrauensvoll zusammenarbeiten darf.

Das geht natürlich nicht immer gut. Erst kürzlich wurde ich trotz eindeutiger mündlicher Vereinbarungen von jahrelangen Netzwerkern übel enttäuscht. Daraufhin habe ich unsere Beziehung ziemlich flott abgekühlt, die Zusammenarbeit auf eine rein monetäre Basis gestellt. Das ist zwar schade, doch manchmal geht es nicht anders. Denn auch das gehört für mich dazu: Konsequenz und Eindeutigkeit. Anders würde das Prinzip nicht funktionieren.

Übrig bleiben jene Menschen, die nicht tricksen und täuschen. Menschen, die lösungsorientiert denken. Wenn sie an etwas oder an jemanden glauben, bleiben sie dran. Sie sagen mir die Wahrheit, bremsen aber niemals meine Weiterentwicklung aus. Sie belasten mich bis an die Schmerzgrenze mit ihrer direkten Ehrlichkeit. Sie stecken mich wegen eines kleinen Fehlers nicht gleich in eine Schublade. Sie haben enorme Kräfte und besitzen Standfestigkeit.

FAZIT

In Zeiten der Veränderung haben Respektnetzwerke einen großen Vorteil: Auf Basis von Vertrauen kann man mit Gleichgesinnten auch ohne schriftliche Verträge Geschäfte machen und deutlich schneller agieren als der Wettbewerb.

41

AUS EINSAMKEIT WIRD GEMEINSAMKEIT. Du fühlst dich im Job einsam und vielleicht sogar isoliert? Bis zu einem gewissen Grad ist das sicher normal. Das gehört zu deiner beruflichen Rolle manchmal dazu. Auf einsamem Posten zu sein ist eine Erfahrung, die wir unbedingt machen sollten, ja vielleicht sogar müssen.

Wenn aus der Isolation jedoch ein Dauerzustand wird, dann fehlt dir irgendwann die Resonanz ins Leben. Ab einem gewissen Punkt fühlst du dich dann einsam und leer.

Gründe für Isolation gibt es viele. Einer könnte sein, dass du dich dafür entschieden hast. Vielleicht trennst du dich in Gedanken von anderen ab und lässt niemanden an dich heran. Du vertraust nicht mehr. Überprüfe doch mal all deine Gedanken, die dir den lieben langen Tag über deine Mitmenschen durch den Kopf gehen. Warum, glaubst du, kommt niemand auf dich zu? Warum interessiert sich angeblich niemand für dich? Warum hört dir keiner länger zu? Und frage dich auch: „Wie groß ist mein Interesse an mir selbst? Höre ich mir selbst zu? Bin ich mit mir selber in Kontakt? Erlebe ich Gemeinschaft mit mir selbst?"

Wer sich selbst nicht attraktiv, wertvoll, interessant und liebenswert findet und sich selbst nicht mit Mut und Neugier begegnet, dem steht auf der Stirn geschrieben: „Bitte überseht mich, geht an mir vorbei. Ich bin eher uninteressant! Grau und langweilig." Und – das ist beinahe ein zwischenmenschliches Grundgesetz – wer sich selbst nicht wertschätzt, wird auch von anderen Menschen nicht wertgeschätzt.

Öffne dich mal wieder, schau deinen Mitmenschen in die Augen und nimm am Leben teil. Das bedeutet, dass du dich aufrichtig und damit ohne Ganzkörper-Kondom zeigst. Motto: Ich mag mich. Ich stehe zu meinen Fehlern und Macken. Wenn es mir gut geht, dann zeige ich das in aller Konsequenz. Wenn es mir schlecht geht, dann auch. Und wenn ich jemanden mag, dann gehe ich auf ihn zu – selbst wenn es dabei immer das Risiko einer Ablehnung gibt. Das erfordert natürlich Mut. Mut und Offenheit, dich selbst deiner Umwelt so ehrlich zu zeigen: „Genau so bin ich, das macht mich aus – ob es euch nun gefällt oder nicht."

FAZIT

Möglicherweise ist dir bereits klargeworden: Nur wenn du dich öffnest, etwas von dir preisgibst, wird aus der Einsamkeit wieder mehr Gemeinsamkeit.

Denk nicht so viel.
Liebe einfach mehr.

Empathie

42

DAS GEHEIMNIS DER SYMPATHISCHEN AUS-STRAHLUNG. Ein Kino-Schauspieler verliebt sich – und wir leiden mit. Unser treuer Hund stirbt – und wir trauern. Ein prominenter Sänger nimmt sich das Leben – und wir sind tief geschockt.

Wir nehmen Anteil an diesen fremden Schicksalen. Gleichzeitig fehlt es uns im Alltag mitunter an Empathie für uns selbst und unsere Mitmenschen. In unserer präzise durchkonstruierten, funktional bestimmten Arbeitswelt glauben wir, unsere Haltung sei realistisch, wenn sie weitgehend von Austausch, Mitgefühl und Anteilnahme befreit ist. So leben wir manchmal in einer Welt aus Theaterbauten.

Wie verhältst du dich wohl einem Menschen gegenüber …
… von dem du annimmst, dass er dumm ist?
… bei dem du davon ausgehst, dass er eine Gefahr für dich sein könnte?
… von dem du denkst, dass ihr euch nicht mögt?

Und wie verhält sich wohl ein Mensch, der davon ausgeht, dass du ihn magst? Wenn du dein Herz öffnen und Menschen aufrichtige Empathie entgegenbringen kannst, dann wird dir das beim Erreichen deiner Ziele sehr helfen.

SYMPATHIE-EFFEKT

Wenn Automobilverkäufer Thomas der Mehrheit seiner 500 Kunden signalisiert, dass er sie wirklich gerne mag, verkauft er erwiesenermaßen mehr Autos. Denn dann finden sie ihn in den allermeisten Fällen ebenfalls sympathisch. Der Sympathie-Effekt überträgt sich allerdings nur, wenn die gezeigten Empfindungen und das Lächeln spontan und ehrlich sind. Also wenn Thomas' Stimme, Sprache, Mimik und Gestik im Einklang mit seiner inneren Haltung stehen. Eine aus strategischen Gründen gezeigte Freundlichkeit hat längst nicht den Effekt, den wahre Herzlichkeit ausstrahlt. Nur was direkt aus dem Herzen kommt, kann Menschen wirklich überzeugen. Ein echtes Lächeln kann man nicht vortäuschen. Zu dieser Erkenntnis kam schon der französische Biologe Guillaume-Benjamin Duchenne. Er erforschte die Echtheit unseres Lachens. Und er konnte belegen, dass ein „nicht betrügbares Lächeln" nur stattfindet, wenn die Ringmuskeln um die Augen kontrahiert werden, was die Augen kleiner werden lässt. Seine wegweisende Erkenntnis: Das sogenannte Duchenne-Lächeln ist die beste vertrauensbildende Maßnahme, die uns Menschen mitgegeben wurde.

FAZIT

Echte Gefühle sind echte Gefühle, weil sie echte Gefühle sind. Wenn die Empathie deines Gegenübers gespielt ist, fällt sie augenblicklich in sich zusammen.

43

BEFEUERN STATT FEUERN. Ein Freund leitet eine mittelständische Firma in Schwaben. Beim Abendessen erzählte er mir, dass er einen altgedienten Mitarbeiter feuern müsse, weil er zu träge geworden sei. Meine Idee: Er solle bei seinem Mitarbeiter doch einfach ein Feuer entfachen – statt ihn zu feuern. „Was? Ich soll ihm Feuer unter dem Hintern machen?" fragte er. „Nein", sagte ich, „damit rechnet er vermutlich schon eine Weile. Fordere und fördere ihn. Rege seine Fantasie an. Stell ihn vor eine neue Herausforderung – in einem völlig neuen Umfeld."

Mein Freund hat das ausprobiert. Eine Art letzte Bewährungsprobe in einem höchst komplexen Projekt sollte es sein, in einer anderen Abteilung, unter neuen Kollegen. Eine echte Herausforderung. Und, siehe da, die Luftveränderung hat bei seinem Mitarbeiter wie eine Frischzellenkur gewirkt. Der Mann war

plötzlich wieder da und hatte Freude an seiner Arbeit. Zunächst hat er sich übrigens mit Händen und Füßen gegen diese Veränderung gewehrt.

Wir können unseren Mitmenschen ein großes Geschenk machen, indem wir ihnen auf sanfte Weise einen Weg aufzeigen. Im besten Falle ändern dann alle Beteiligten ihre Sicht auf den anderen. Daraus wird Bewegung und Veränderung.

FAZIT

Wenn dir jemand sagen möchte, dass man nur mit harten Bandagen weiterkomme, stelle das besser noch mal in Frage. Wahre Güte gegenüber Menschen bedeutet, ihnen mit Respekt eine mögliche Richtung aufzuzeigen. Härte zu zeigen ist immer nur der allerletzte Schritt.

44

EMPATHIE VON APPLE LERNEN. Als bekennender Apple-Fan studiere ich seit Jahren die Abläufe und Strategien meines Lieblings-Computerherstellers. Meine Zwischenbilanz: Bei Apple ist wenig Zufall. Abläufe und Prozesse sind klar geregelt. Jeder einzelne Mitarbeiter kennt seine Zuständigkeit und die Strategie des Unternehmens. Hier kann man das Erfolgsrezept eines jeden erfolgreichen Unternehmens erkennen. So, wie die Firma im Innen organisiert ist, wirkt sie auch nach außen.

Wer als sogenannter Genius in einem Apple Store arbeiten möchte, durchläuft zunächst ein 14-tägiges Trainingsprogramm für den Umgang mit den Kunden. Auf dem Lehrplan steht ein Mix aus psychologischem Gespür, rhetorischem Vermögen und technischem Know-how. Insbesondere das Thema Einfühlungsvermögen zieht sich wie ein roter Faden durch alle Trainingseinheiten. Gelehrt wird „Die Kraft der Empathie".

Drei Beispiele aus dem nicht offiziellen Trainingshandbuch, das mehrfach Thema in diversen Fachmagazinen war:

- „Es tut mir sehr leid, dass Kaffee in die Tastatur geflossen ist. Ich kann verstehen, dass dich das geärgert hat. Wir werden das in Ordnung bringen, kein Problem."
- „Ich kann verstehen, wenn du sagst, der iMac sei zu teuer. Ich dachte das früher auch. Doch dann habe ich verstanden, dass es mit all der Ausstattung und Software ein ziemlich guter Preis ist für das, was man geboten bekommt."
- „Ich bin auch ein Maus-Fan und habe gedacht, ohne Computer-Maus geht es nicht. Doch nach ein paar Minuten habe ich das iPad geliebt. Eben weil es keine Maus hat und deswegen so einfach zu bedienen ist."

Solche Beispiele durchziehen das gesamte Lehrmaterial für die Genius-Ausbildung. Ziel: Apple-Mitarbeiter leiten den Dialog, nehmen die Kunden-Energie wie ein Parabolspiegel auf und lenken sie sofort wieder in Richtung des Kunden. Nenne es gerne Manipulation, Verkäufertrick oder durchschaubar. Als treuer Apple-Kunde fühle ich mich dennoch wertgeschätzt und höchst professionell betreut.

Erfolge in Liebe, Beruf und Freundeskreis haben viel mit Empathie zu tun, denn Menschen, die mitfühlend und verständnisvoll agieren, wirken auf uns sympathisch. Doch der Sympathieeffekt überträgt sich nur, wenn die Person authentisch ist. Was du zum Ausdruck bringst, sollte unbedingt deiner inneren Haltung entsprechen.

FAZIT

Wenn du einen Menschen von dir, einer Idee oder einem Produkt überzeugen – oder gar abbringen – möchtest, gehe wertschätzend und verständnisvoll mit ihm um.

45

WIE MAN DAS HERZ ANDERER MENSCHEN ER-REICHT. Der große Nelson Mandela hat sein Leben lang für Freiheit und Frieden in Südafrika gekämpft. Es ist ihm gelungen: Er hat das Land tatsächlich versöhnt. Mandela ging mit Liebe auf die Menschen zu und entfachte die Liebe in ihnen. Und das, obwohl er von seinen Gegnern beinahe 30 Jahre lang in eine winzige Gefängniszelle gesperrt wurde.

Ein einziger Moment macht deutlich, mit welch unbegreiflicher Empathie Mandela handelte. Wenige Wochen, nachdem er Präsident geworden war, spielte die Fußballnationalmannschaft Südafrikas gegen Sambia. Mandela sah sich das Spiel als Ehrengast an. Als er nach dem Abpfiff das Stadion verlassen wollte, erblickte er in der Nähe des VIP-Tors einen älteren weißen Streifenpolizisten. Die jahrelange Tätigkeit im Polizeidienst hatte tiefe Falten und Furchen in dessen Gesicht hinterlassen. Präsident Mandela verzichtete auf alle Sicherheitsabsprachen und ging direkt auf den Polizisten zu. Dessen Augen wurden von Sekunde zu Sekunde größer. Mandela blieb etwa einen Meter vor ihm stehen. Vor einem Mann, der genau jenem Regime gedient hatte, das Mandela für ein halbes Leben weggesperrt hatte. Und Mandela sagte: „Colonel, ich möchte Ihnen einfach nur sagen, dass ich nun Präsident unseres Landes bin und es ab sofort kein ‚wir und die anderen' mehr geben darf." Und er fügte hinzu: „Sie sind nun unsere Polizei!" Mandelas Fahrer und sein Bodyguard durften miterleben, wie ein gestandener Polizist vor Rührung in Tränen ausbrach. Mandela nahm vorsichtig seine Hand und hielt sie für eine Weile fest.

FAZIT

Ein wahrhaft gütiger und weiser Mensch ist imstande, seine Umgebung auf sanftmütige Weise zu verändern. Wenn du deine Liebe zu den Menschen lebst, wirst du von den meisten Mitmenschen auch geliebt. Aber keine Angst. Du musst nicht derart empathisch sein wie Nelson Mandela, um andere Menschen zu bewegen. Du kannst auch eine Nummer kleiner anfangen.

Dialog und Kommunikation

46

DU MÖCHTEST INTERESSANT SEIN? DANN SEI INTERESSIERT! Ich war einmal mit einem alten Schulfreund in Südfrankreich unterwegs. Er kannte nur zwei Wörter auf Französisch: „oui" und „non". Für die Kommunikation in der Altstadtkneipe von Nizza hat das völlig ausgereicht. Michael warf den Tischnachbarn regelmäßig ein „Ja" oder „Nein" zu. Die freundlichen Franzosen hielten Michael am Ende des Abends für einen netten Menschen – was angesichts der Kommunikationshindernisse schon etwas heißen mag. Einfach nur, weil er ihnen zugehört hatte.

Was ich aus diesem Abend gelernt habe? Hör zu. Lass dein Gegenüber ausreden. Wenn du interessant sein möchtest, dann sei interessiert. Das gilt für viele Bereiche unseres Lebens. Auch in Bewerbungsgesprächen ist es beispielsweise besser, erst mal zuzuhören, als gleich einen auf dicke Hose zu machen. Denn so sorgst du für Interesse, bevor du überhaupt etwas gesagt hast.

Nur wer die Interessen und Gefühle seiner Mitmenschen achtet, kann auf Dauer punkten. Mein Tipp: Ersetze öfter mal „ich" durch „wir" oder „uns". Versetze dich in dein Gegenüber hinein. Was lässt ihn/sie so argumentieren? Was ist ihr/ihm wichtig? Manches schnelle „Ja, aber ich ..." zeigt sehr deutlich, wie sehr jemand immer nur bei sich ist – ohne überhaupt zuzuhören.

FAZIT

Die Handschrift einer Arbeit zeigt sich nicht allein im Fachlichen. Sie hat vor allem etwas damit zu tun, ob man den Menschen zuhört und wie man mit ihnen umgeht.

47

BIST DU EIN „JA, ABER"-TYP? Viele Menschen, deren Lieblingsworte „Ja, aber ..." heißen, reklamieren ständig dieses oder jenes. Sie jammern, grenzen sich ab, fühlen sich ungerecht behandelt oder glauben, das Leben schulde ihnen etwas.

Bei einer Fortbildungsveranstaltung vor etwa 15 Jahren meinte die Seminarleiterin zu mir: „Du bist ein typischer ‚Ja, aber'-Typ." Und sie fuhr fort: „Bei ihrer Geburt sind alle Menschen noch positiv, fröhlich, offen. Doch diese positive Haltung, die positive Spannungskurve endet bei den meisten Menschen irgendwann. Sie wird überlagert von Vorsicht, manchmal sogar von einer negativen Spannungskurve. Sie hängt wie ein permanentes Gewitter über dem Glück. Auch du hast dich in deiner inneren Burg sicherheitshalber von deiner Umgebung abgegrenzt." Zunächst wies ich das natürlich gaaaaanz weit von mir. Doch instinktiv wusste ich, dass sie recht hatte und das, was sie sagte, ans Eingemachte ging. Früher fühlte ich mich schlecht, wenn ich glücklich war. Ich dachte: „Wenn ich jetzt glücklich bin, dann kommt ganz sicher gleich eine Katastrophe um die Ecke gebogen und macht mir alles kaputt." Also habe ich versucht, mich mit einem Sicherheitswall aus „Ja, aber ..." zu umgeben. „Ja, aber ..." baut eine unsichtbare Barriere zwischen dir und deinem Gesprächspartner auf.

Übrigens: Ich kenne „Ja, aber"-Reaktionen auch von Menschen, die sich durch eine reflexhafte Opposition selbst besser spüren wollen. Wer immer sofort dagegen ist, zeigt augenblicklich Profil – vor sich und anderen, ohne dabei wirklich eine eigene Haltung haben zu müssen. Dummerweise führt diese Pseudo-Haltung zu widersprüchlichen Aussagen und damit gerne mal ins Leere.

FAZIT

„Ja, aber ..." hat eine Brisanz, die man im Blick haben sollte. Sag doch einfach „Ja!"

48

DIE PRINZIPIEN REIFER KOMMUNIKATION. Früher hatte ich keinen blassen Schimmer, warum die Kommunikation mit anderen Menschen manchmal so richtig in die Hose ging. Viele Jahre später bin ich klüger. Niemand lässt sich für eine Idee begeistern, von der er nicht wirklich überzeugt ist. Niemand lässt sich zu etwas überreden, wenn er sich unverstanden fühlt.

Ein zentrales Beziehungselement ist die emotionale Resonanz, also die Fähigkeit, sich auf die Stimmung und Bedürfnisse von anderen einzuschwingen. Diese Resonanz entsteht durch den Inhalt und auch durch die Art und Weise, wie ich etwas sage.

Resonanz entsteht auf verbaler und nonverbaler Ebene. Hier kommen meine Tipps für ein „reiferes" Kommunikationsverhalten:

- Prüfe vor dem Gespräch deine Einstellung zum Gesprächspartner.
- Bereite das Gespräch, wenn möglich, gedanklich vor.
- Fahr deine Antennen aus, halte Blickkontakt.
- Sorge für einen angenehmen Gesprächsrahmen. Entspann dich.
- Sprich dein Gegenüber mit Namen an.
- Erkenne das Energielevel deines Gegenübers.
  - Achte vor allem auf nonverbale Signale. Fühlt er/sie sich wohl?
  - Wenn dein Gesprächspartner beispielsweise einen bedrückten Eindruck macht, kannst du die Wahrnehmung auch in Worte fassen: „Ich sehe, dass dich offenbar etwas bedrückt." Das kann ein verbindendes und sehr empathisches Element eines Gesprächs sein.
- Mach deine eigenen Bedürfnisse transparent und verständlich.
- Hör zu. Lass dein Gegenüber ausreden.
- Stell Fragen. Wer fragt, der führt.
- Formuliere bildhaft und angemessen emotional.
- Wiederhole wichtige und zentrale Botschaften.

- Wenn du paraphrasierst, gibst du das, was du im Gespräch verstanden hast, noch mal mit eigenen Worten wieder. Damit werden Missverständnisse unwahrscheinlicher.
- Vermeide Verallgemeinerungen und Killerphrasen („Das geht so nicht!").
- Schaffe ausreichend Raum für Humor.
- Sprich über Ideen und Möglichkeiten. Ein zielführendes Gespräch sollte Verbesserungspotenziale aufzeigen.
- Vermeide Richtig-Falsch-Diskussionen. Du musst die Botschaften deines Gesprächspartners nicht immer gleich bewerten.
- Fasse das Ergebnis des Gesprächs gegen Ende noch mal kurz zusammen.
- Vereinbare möglichst klare Ziele (Was? Wer? Wann? Wo?)
- Sag aufrichtig danke, wenn das Gespräch gut verlaufen ist.

FAZIT
Aufmerksamkeit und Zuhören bilden die Basis für nachhaltigen Erfolg durch achtsame Kommunikation.

49

WARUM WIR MIT VIER MÜNDERN SPRECHEN. Ich wünsche jedem Menschen, dass er von den genial-einfachen Erkenntnissen der modernen Kommunikationswissenschaft profitieren kann. Hier kommt eine der besten:

Jede unserer Aussagen enthält mehrere Botschaften – gleichzeitig. In jedem Gespräch wird nicht nur die wortwörtlich formulierte Botschaft übermittelt, sondern auch all das, was nicht direkt ausgesprochen wurde. Im Austausch zwischen Sender und Empfänger einer Botschaft stecken also immer mehrere Ebenen. Die können die Wirkung einer Botschaft verstärken, abschwächen oder gar ins Gegenteil verwandeln.

Die Sache mit den vier Mündern und vier Ohren ist eine zentrale Erkenntnis der Kommunikationswissenschaft. Der Psychologe Prof. Dr. Friedemann Schulz von Thun, Autor der drei sehr beliebten Bände „Miteinander reden", hat diese Erkenntnis geprägt. Jeder Mensch spricht tatsächlich mit vier „Mündern". Und sein Gegenüber hört mit vier „Ohren" zu. Wir sprechen und hören bei jedem Kontakt zu einem anderen Menschen also tatsächlich auf vier verschiedene Weisen, kommunizieren auf vier verschiedenen Ebenen.

- Sachinhalt (Worum geht es?)
- Selbstoffenbarung (Was sagt die Nachricht über dich aus?)
- Beziehungsebene (Wie stehst du zum Empfänger?)
- Appell (Wozu willst du dein Gegenüber veranlassen?)

Wenn du zuhörst, achtest du bei der Nachricht deines Gesprächspartners stets auf vier Aspekte:

- Welche Fakten hat er/sie zu bieten? Welche nutzbaren Informationen hat die Person für mich und mein (Über-)Leben? Was habe ich davon?

- Wie schätze ich den anderen als Person ein? Wie tickt mein Gegenüber? Droht mir Gefahr? Muss ich aktiv werden, um mich zu schützen?
- In welcher Beziehung steht er/sie zu mir? Mag er/sie mich? Kann ich ihm/ihr vertrauen?
- Was möchte die Person konkret von mir? (ausgesprochene oder nicht ausgesprochene Appelle)

Zur besseren Übersichtlichkeit beides nochmal in einer kleinen Tabelle:

	AUS SENDER-PERSPEKTIVE	AUS EMPFÄNGER-PERSPEKTIVE
SACHINFORMATION	Welche Fakten und Infos biete ich?	Was erfahre ich gerade?
SELBSTKUNDGABE	Was gebe ich von mir preis?	Was ist das für eine/r?
BEZIEHUNGSEBENE	Was halte ich von dir?	Wie steht er/sie zu mir? Was hält er/sie von mir?
APELL-EBENE	Wozu möchte ich dich veranlassen?	Was will er/sie von mir?

Kommunikationsforscher Friedemann Schulz von Thun erläutert sein Vier-Ohren-Münder-Modell anhand eines simplen Fallbeispiels:

EIN EINZIGES WORT ...

Ein Ehepaar steht vor einer roten Ampel und wartet auf die Grünphase. Sie fährt das Auto, er sitzt auf dem Beifahrersitz. Die Ampel wird plötzlich grün, was sie nicht sogleich bemerkt. Er kommentiert das sofort in gereizter und herablassender Weise mit einem einzigen Wort: „Grüüüüün!"

Der Sachinhalt ist klar: „Die Ampel ist grün." (Mund/Ohr 1)

Der Appell lautet: „Fahr endlich los!" (Mund/Ohr 2)

Die gelebte Beziehungsebene des Ehepaares wird für diese Situation binnen einer Sekunde deutlich (Mund/Ohr 3). Zumindest temporär erscheint das Verhältnis angespannt, wenn nicht gar vergiftet.

Die Selbstoffenbarung des Ehemannes könnte lauten: „Ich bin genervt und natürlich der bessere Fahrer." Bzw. „Du kannst das nicht (richtig)." Oder auch: „Ich habe es mal wieder zuerst gesehen." (Mund/Ohr 4).

Du wirst möglicherweise noch eigene, weitere Interpretationsmöglichkeiten finden. Die vier Ebenen sind stets aktiv. Die Erkenntnisse von Friedemann Schulz von Thun sind in nahezu jedem Gespräch nutzbar. Hinterfrage auf diese Weise doch mal Stresssituationen in deinen bisherigen Beziehungen oder warum die Kommunikation mit deinen Führungskräften oder Kollegen nicht funktioniert. Das Modell von Schulz von Thun kann dir einen wertvollen Aufschluss darüber geben.

FAZIT

Wenn du sprichst, hat deine Botschaft stets vier Aspekte.
Es ist schon beeindruckend, dass wir Menschen uns trotz der Vieldeutigkeit unserer Aussagen im Alltag dennoch meistens verstehen.

50

SPRACHE – DIE KLEIDUNG UNSERER GEDANKEN.

Sprache ist das Outfit deiner Gedanken. Jedes Wort hat eine Kraft, jeder Satz seine eigene Energie. Worte können verbinden oder trennen, sie lassen dich in einer Diskussion gewinnen oder verlieren. Wer erkennt, dass Sprache mit Rhythmus, Melodie und Klang zu tun hat, kann sich in die Herzen seiner Mitmenschen „rocken".

In einer Welt der Reizüberflutung, voller willkürlich hingeworfener Textfragmente, solltest du das, was du sagst oder schreibst, einfach, direkt und kompakt formulieren. Unnötige Umwege, sinnloses Gerede und verschachtelte Botschaften werden schnell anstrengend.

Insbesondere bei elektronischer Kommunikation wird Ironie häufig falsch verstanden und sorgt in der Folge für Konflikte. Kein Wunder, denn hier fehlen Mimik und Gestik zum Verständnis der Subtexte. Der Empfänger bekommt dann schnell etwas in den sogenannten falschen Hals. Ist eine fehlerhafte oder ungeschickt formulierte Botschaft erst mal von der Kette, hilft Zurückrudern kaum. Gesagt ist gesagt, und es entfaltet Wirkung. Das habe ich als Mittler in Mediationsprozessen nur zu oft erlebt.

FAZIT

Unmissverständliche Kommunikation lebt von Eindeutigkeit. Sie sorgt für Resonanz und dokumentiert deine innere und äußere Haltung, sie zeugt im besten Fall auch von deinem achtsamen Umgang mit dir selbst und mit anderen.

51

BANDWURMSÄTZE RAUBEN UNS DIE SINNE. Es gibt diese langen, verschachtelten und darüber hinaus komplizierten Satzkonstruktionen. Man kann sie zwar irgendwie lesen und beim dritten Mal auch verstehen, aber ihre Komplexität und Überfrachtung machen sie schwer verdaulich und kaum merkfähig. Sie missachten eine wichtige Grundregel der Informationsvermittlung: In der Kürze liegt die Würze. Oder wie Anton Tschechow es so treffend formuliert hat: *Die Kürze ist die Schwester des Talents!*

Die Zehn Gebote umfassen in der deutschen Übersetzung der Bibel knapp 280 Wörter. Die Unabhängigkeitserklärung der USA kommt auf etwa 300 Wörter. Alles, was besondere Überzeugungskraft haben soll, sollte unbedingt prägnant und merkfähig sein.

Doch warum bauen Menschen denn überhaupt Bandwurm-Konstruktionen und Wort-Kaskaden? Möglicherweise fürchten sie sich davor, unterbrochen zu werden. Sie wissen es nicht besser. Oder sie wollen nicht als dumm gelten.

Besser geht es so:
- Formuliere einfach, klar und deutlich.
- Verwende kurze Sätze.
- Kreiere besondere Überschriften.
- Formuliere bildhaft, konkret und einprägsam.
- Nutze deine eigene Sprache.
- Zeige Gefühl und erzähle Geschichten, die Herz und Hirn ansprechen.

Erkenne, dass Sprache mit Rhythmus, Melodie und Wohlklang zu tun hat. Nur so kannst du die Herzen deiner Mitmenschen erreichen. Erst eine markante und packende Sprache macht aus einem Menschen eine Persönlichkeit.

FAZIT
Formuliere einfach, prägnant, stimulant.

52 DIE KRAFT DER INNEREN BILDER.

On a dark desert highway, cool wind in my hair.
Warm smell of colitas, rising up through the air.

Hast du den Song vielleicht schon am Text erkannt? Es ist eine Zeile aus „Hotel California" von den Eagles. Mit diesen wenigen Worten malen sie ein kraftvolles Bild – und regen unsere Fantasie an: Der Weg zum Hotel California führt nicht über irgendeinen, sondern über einen dunklen Wüsten-Highway. Kalter Wind fährt dem Protagonisten auf der Strecke durch die Haare. Es riecht nach Colitas, den Spitzen der Marihuana-Pflanze.

Neurologen konnten in zahlreichen Studien nachweisen, welch entfesselnde Energie die Imagination in sich trägt. Egal, ob wir uns selbst motivieren oder andere Menschen überzeugen wollen: Wenn wir Bilder und Emotionen für unsere Botschaften verwenden, kommen diese viel besser an.

Trau dich also, Ideen, Visionen oder Produkte zu beschreiben – sinnlich, aromatisch, emotional. Zaubere mit kraftvollen Adjektiven oder Adverbien: orange, salzig, seidig. Wenn aus einem normalen Tuch ein wundervolles purpurrotes Tuch wird, erscheint es viel klarer vor dem geistigen Auge. Nüchterne Informationen werden so zum Kopf-Kino: konkrete Eindrücke und Szenen, angereichert mit Emotionen. Ich kann mir „ein Bild machen" und es gleichzeitig fühlen.

Wer sich hingegen nur mit abstrakten Begriffen ausdrückt („ein Hotel in der Wüste"), verschenkt diese wertvolle Kraft. Das gilt übrigens auch für deine eigenen Ziele, Wünsche oder Sehnsüchte. „Glück" oder „Erfolg" sind zunächst mal ziemlich abstrakte Begriffe. Bis du sie für dich bebilderst und konkretisierst. Sich an das Unbewusste zu wenden ist viel wirkungsvoller, als das Bewusstsein überzeugen zu wollen.

Also: Ziele mit deiner Sprache nicht nur auf die Logik, sondern rege auch die Fantasie an. Wie bei den Eagles ist die Botschaft dann kraftvoller, weil sich Verstand (rational) und Vorstellungskraft (emotional) gegenseitig befeuern.

FAZIT

Emotionale und bebilderte Botschaften haben eine deutlich intensivere Wirkung und wesentlich längere Haltbarkeit. Informationen, Wünsche oder Ziele können am besten abgespeichert werden, wenn sie nicht nur den Verstand ansprechen, sondern vor allem die bildhafte Vorstellungskraft des Unterbewusstseins. Merke: Eine bildhaft-emotionale Ansprache ist viel wirkungsvoller, als das Bewusstsein überzeugen zu wollen.

53 ICH REDE!

Die Gedanken in deinem Kopf und deren Übersetzung durch deine Stimme sind wie siamesische Zwillinge. Deine Stimme übersetzt all das, was dein Kopf gedacht hat. Erst durch sie bekommen deine Gedanken die nötige Kraft und Energie. Es ist also prima wenn du „das Richtige" denkst. Doch entscheidender ist, wie diese Gedanken von deiner Stimme zum Klingen gebracht werden.

An dieser Stelle höre ich in Seminaren häufig Sätze wie: „Meine Stimme ist mir doch angeboren." Das ist in den allermeisten Fällen nicht ganz richtig. Es gibt Menschen, die bei sich selbst eine vermeintliche Fistelstimme ausgemacht hatten, nach längerem Stimmtraining jedoch ihre Resonanzen entdeckten. Beim Singen im Bad fiel ihnen fast der Duschkopf aus der Hand. Im Meeting konnten sie plötzlich mit voller und kräftiger Stimme überzeugen.

Deine Stimme ist in der Lage, viele hundert verschiedene Stimmungen zu transportieren. Wie beim Erlernen eines Musikinstruments gilt auch hier: Übung macht den Unterschied. Wer seine Stimme trainiert und klangvoller macht, verändert damit auch seine Haltung und Durchsetzungskraft.

Du kannst deine Stimme sehr unterschiedlich gebrauchen:

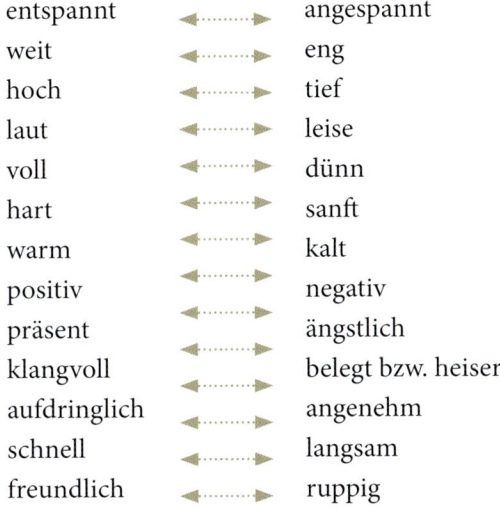

entspannt	◄·······►	angespannt
weit	◄·······►	eng
hoch	◄·······►	tief
laut	◄·······►	leise
voll	◄·······►	dünn
hart	◄·······►	sanft
warm	◄·······►	kalt
positiv	◄·······►	negativ
präsent	◄·······►	ängstlich
klangvoll	◄·······►	belegt bzw. heiser
aufdringlich	◄·······►	angenehm
schnell	◄·······►	langsam
freundlich	◄·······►	ruppig

Grundsätzlich unterscheidet man drei Sprecharten:

Persönlich
Das ist die normale Stimmlage und effektivste Sprechart. Sie sorgt für Vertrauen und Kommunikation auf Augenhöhe. Das Stimmvolumen ist moderat. Wer mit seinen Mitmenschen auf empathische Art und Weise kommunizieren und sie von etwas überzeugen möchte, sollte persönlich mit ihnen sprechen.

Öffentlich
Die öffentliche Sprechart kommt zum Einsatz, wenn der Gesprächspartner mehr als vier Meter entfernt ist oder der Akteur zu einer größeren Menschenmenge spricht. Die Stimme klingt viel lauter als bei der persönlichen Unterhaltung. Viele Menschen verfallen bei Telefonaten in die öffentliche Sprechart, weil sie ihr Gegenüber nicht sehen können. Dies vermittelt dem Gesprächspartner aber das Gefühl, er würde instruiert oder angebrüllt. Wer ständig laut und angespannt spricht, versucht Aufmerksamkeit und Akzeptanz zu erzwingen.

Wer seiner Stimme Energie und Enthusiasmus verleihen will, sollte dies besser über die Intonation steuern, weniger über die Lautstärke.

Intim

Die sanfte Art zu sprechen. Sie steht für Unterhaltungen, die sehr nah geführt werden, in der Regel liegen in solchen Situationen nur wenige Zentimeter zwischen Stimme und Ohr. Diese Sprechart benutzt man zum Beispiel, wenn man ängstlich ist, Geheimnisse teilt und/oder beim Sex.

Sprich die Worte „Hallo, ich lese diesen Gedanken aus dem Buch von Patrick Lynen" doch einfach mal in möglichst vielen Varianten, also Betonungen, Lautstärken und Stimmungen. Dreißig Varianten sollten problemlos möglich sein: Laut, leise, schnell, langsam, hoch, tief, jeweils ein anderes Wort betonen, witzig, ernst, intim, öffentlich, verrückt usw.

FAZIT

Deine Stimme – das sind zwei schnell schwingende Muskeln in deinem Kehlkopf. Stimmgymnastik macht Spaß. Du weitest damit die Resonanzräume, machst die Stimmlippen geschmeidiger und stellst plötzlich fest, welch enorme Fortschritte deine Stimme im Hinblick auf das melodische Ausdrucksvermögen macht. Und das Tolle: Mit jedem Fortschritt der Stimme wächst zugleich dein Selbstbewusstsein.

Nicht das, was du gesagt hast, bleibt in Erinnerung,  sondern die Gefühle, die du ausgelöst hast.

54

WAS DEINE STIMME ÜBER DICH VERRÄT. Sehbehinderte und blinde Menschen müssen sich darauf verlassen, was ihnen die Stimme ihres Gesprächspartners verrät. Dadurch erkennen sie die Absichten und Stimmungen ihres Gegenübers schon recht früh – denn forsche Typen klingen anders als ängstliche, empathische Zeitgenossen anders als egoistische.

Deine Stimme ist der Spiegel deiner Seele und Persönlichkeit, der ausdrucksstärkste Indikator für deine Gefühlswelt. Deine Stimme verrät deine Haltung und Lebenseinstellung, sie verrät, wie du in diesem Moment denkst und fühlst. Dir ist mal wieder nach ein bisschen mehr Spaß im Leben? Kein Problem. Starte mit deiner Stimme. Der Rest wird folgen. Lass ihr völlig freien Lauf. Mach verrückte Dinge mit ihr. Ungefähr so:

„Wiiiiiiiuiiiiiwuuuuuiiiiiiiaaaiiiieeeeejuuujjjaaaiiiiiiiuuuuuwwaaaaaaaeeeaei-
äääuuööööööööukkkkkkkkeeeoowwuuuüüüiaaapuuuuhhhhhhleeeeeeeeeedaaaaaaaaaajjjjjaaaaaaaaaaa!!!!!!"

Ja, lass einfach alles raus! Wenn du im Auto unterwegs bist, staubsaugst oder Kaffee kochst – mach wilde Geräusche, tiefe und hohe Töne. Versuch es mit einer ganzen Tonleiter, rauf und runter. Imitiere Comic-Figuren – oder deinen Chef. Stimmgymnastik und Training machen Spaß und haben zudem einen positiven Effekt auf deinen Körper. Du erweiterst deine Ausdrucksmöglichkeiten, das ist positiv für deine gesamte Haltung.

Nun wirst du vielleicht sagen: „Das entspricht aber doch gar nicht der Wahrheit! Ich simuliere doch nur gute Laune." Ja, das stimmt. Doch für unser Gehirn ist die Simulation in diesem Moment die Wahrheit. Deine Stimmführung setzt in deinem Kopf Botenstoffe frei, die dich insgesamt fröhlich werden lassen. Ja, es gelingt tatsächlich in dieser Reihenfolge: erst stimmlich experimentieren, dann davon gute Laune kriegen. Auch hier gilt: Übung macht den Meister. Auch Athleten simulieren immer und immer wieder den Wettkampf, TV-Moderatoren wiederholen ihre Texte in Gedanken, Piloten üben alle Abläufe hundertfach im Simulator. Sie alle gaukeln dem Gehirn damit vor, dass dies bereits die entscheidende Situation sei. Und so „trainierst" du eben eine freundliche und fröhliche Haltung mithilfe deiner Stimme.

FAZIT

Mach verrückte Dinge mit deiner Stimme. Und das Wilde und Kindliche in dir kommt zurück – versprochen. Die Veränderung deiner Stimmlage ist vergleichsweise einfach. Ein Beispiel: Wenn du am Telefon freundlich klingen möchtest, einfach lächeln! Lächeln hilft nicht nur der Verkäuferin im Supermarkt über die schlechte Laune hinweg. Es verändert dein Antlitz und deine Haltung. So wie du sprichst, so denkst, fühlst und handelst du.

55

WER FRAGT, DER FÜHRT Morgens, halb zehn in Deutschland. Ich sitze als externer Mitarbeiter im Meeting eines Kölner Medienunternehmens mit drei Großbuchstaben im Namen.

Bevor es überhaupt inhaltlich wird, liefern sich die Beteiligten ein Verbal-Scharmützel. Eine Behauptung von A führt zu einer Gegenbehauptung von B. Das leitet einen heftigen Austausch von Rechtfertigungen zwischen A, B und C ein. Drei Minuten später haben sich D und E eingemischt und der Konflikt ist endgültig eskaliert. Wenn die Damen und Herren doch bloß begriffen hätten, dass man ein Gespräch mit den richtigen Fragen viel besser lenken kann als mit Krawall.

„Wer fragt, der führt." Ein Statement, das tatsächlich überall Gültigkeit hat, ob in psychologischer Gesprächsführung nach Carl R. Rogers („Von Mensch zu Mensch: Möglichkeiten, sich und anderen zu begegnen", Hammer Verlag, 2000), in philosophischer Diskussion (sokratische Methode) oder in Interviews. Die Kunst des Fragens unterscheidet großartige Kommunikatoren von schlechten.

Während übersäuerte Streithähne gerne wild gestikulierend durch die Luft fuchteln und störrisch Thesen aufeinander prallen lassen, können Menschen mit reiferem Kommunikationsverhalten durch präzise Fragen an spannende Infos kommen. Beispielsweise über den Gesprächspartner, seine Haltung und Sichtweise, über Probleme, Bedürfnisse und Ziele. Und so können Fragende die Weichen im Gespräch an der richtigen Stelle in die von ihnen gewünschte Richtung stellen. Wer also ein Gespür für die richtigen Fragen im richtigen Moment entwickelt, kann die Kommunikation in seinem Umfeld deutlich entspannter und vor allem konfliktärmer gestalten. Wenn du also Druck aus einer hitzigen Diskussion nehmen willst, stell einfach Fragen. Bleib dabei möglichst sachlich und vermeide einen ketzerisch-aggressiven Unterton.

FAZIT

Wer fragt, der führt. Womöglich sind Frage-Berufe (Richter, Arzt, Jurist) deswegen auch sehr angesehen. Reduziere deinen Redeanteil und damit die Anzahl der Aussagen und Bewertungen. Fragen sind eine ganz wundervolle Methode, um Gespräche effektiv zu steuern und neue Gedankenansätze zu finden.

56

GUTE FRAGEN – FLIEGENFÄNGER FÜRS GE-HIRN? Fragen sind neurologisch betrachtet sehr wirkungsvoll, eine Art Fliegenfänger fürs Gehirn. Eine gute Frage nimmt die Gedanken sofort gefangen. Der Grund: Es liegt in der menschlichen Natur, Wissenslücken schließen zu wollen. Neues und Ungeklärtes finden Menschen erst einmal spannend – es könnte ihnen ja einen wie auch immer gearteten Vorteil verschaffen.

Wenn du also jemanden für einen Inhalt begeistern möchtest, dann stell erst einmal Fragen. Die BILD macht es jeden Tag vor. Soll eine Story besonders viel Aufmerksamkeit erregen, stellen die Redakteure entzückende Fragen wie: „Warum kommt Andrea Berg nicht zum Echo?" oder: „Hat dieser Mann tatsächlich tausend Menschen umgebracht?". Das muss von Inhalt oder Stil her nicht gefallen, doch es funktioniert.

Für die situative Steuerung von Kommunikationsprozessen gibt es verschiedene Frage-Typen, die sich im Alltag bewährt haben.

Info-Frage

Ziel: Informationen gewinnen. Info-Fragen beginnen mit einem W. Man spricht hier auch von W-Fragen: „Warum?", „Wie?", „Wann?", „Wo?", „Wer?" oder „Wie viel?".
Beispiel:
• „Wann werden wir damit fertig sein?"

Alternativfrage

Ziel: straffe, zielorientierte Gesprächsführung. Alternativfragen ermöglichen deinem Gegenüber die Wahl zwischen zwei positiven (!) Optionen.
Beispiele:
• „Möchten Sie lieber Kaffee oder Tee trinken?"
• „Ich kann Ihnen zwei Top-Leute zur Unterstützung anbieten. Möchten Sie lieber mit A oder B arbeiten?"

Suggestivfrage

Ziel: Beeinflussung des Gesprächspartners. Die Antwort wird im Grunde vorgegeben. Typisch für diesen Fragentyp sind Wörter wie „sicher", „wahrscheinlich", „ganz sicher", „doch", „natürlich", „bestimmt" oder „sicherlich".

Beispiele:

- „Du kommst doch ganz sicher auch zu meiner Party!?"
- „Sie sind doch sicher auch dieser Meinung, oder?!"

Ja-Fragen-Kaskade

Ziel: Wer mehrmals in Folge ein „Ja" als Antwort bekommen möchte, nutzt diese Fragetechnik. Die Ja-Fragen-Kaskade wird besonders oft am Ende eines Gesprächs genutzt.

Beispiele:

- „Wollen Sie endlich mal einen Computer haben, der funktioniert?"
- „Und Sie wollen ein Gratis-Software-Paket dazu bekommen?"
- „Und noch einen Gutschein für zwei Jahre Top-Service?"
- „Dann sind Sie bestimmt damit einverstanden, dass wir Ihnen unser neues Modell zum Test mitgeben?"

Rhetorische Frage

Ziel: die Aufmerksamkeit des anderen gewinnen. Diese Fragetechnik wird gerne bei Reden und Vorträgen genutzt, weil sie die Zuhörer einbezieht und zum Mitdenken zwingt.

Beispiele:

- „Wissen Sie, wie oft das im Jahr in Deutschland vorkommt?
  Ja, ganz genau, etwa 200 Mal."
- „Sie fragen sich nun ganz sicher, was das denn kostet? Nun,
  dieses Produkt ist mit einem Preis von nur 22 Euro extrem günstig."

Gegenfrage

Ziel: die Frage eines Gesprächspartners parieren. Der Trick dabei ist, dass du entscheidende Sekunden gewinnst. Das kann nützlich sein, wenn du die Antwort noch nicht weißt oder aus strategischen Gründen darüber nachdenken möchtest. Damit liegt der Ball vorübergehend wieder bei deinem Gesprächspartner.

Beispiele:

- „Wie darf ich Ihre Frage verstehen?"
- „Warum denken Sie so?"

Reflektierende Frage

Ziel: Korrektur. Reflektierende Fragen geben deinem Gesprächspartner die Chance, sich selbst zu korrigieren.

Beispiele:

- „Wollen Sie damit fragen, ob es ...?"
- „Habe ich Sie da richtig verstanden – Sie denken also, dass ..."

Motivierende Frage

Ziel: Dialog. Solch eine Frage bringt dein Gegenüber mit ein wenig Geschick dazu, sich zu öffnen.

Beispiel:

- „Wie hast du es geschafft, in deinem Projekt so erfolgreich zu werden?"

Provozierende Frage

Ziel: Attacke. Mit der provozierenden Frage greifst du deinen Gesprächspartner direkt an. Und dennoch können solche Fragen in bestimmten Situationen Sinn machen. Beispielsweise, wenn du bestimmten Dingen auf den Grund gehen möchtest.

Beispiele:

- „Warum ist dein Kollege bei den Umsätzen so viel besser?"
- „Warum konntest du mir in dieser Angelegenheit nicht die Wahrheit sagen?"

Die Kontrollfrage

Ziel: Vergewisserung. Mit einer Kontrollfrage kannst du überprüfen, welchen Standpunkt der Gesprächspartner vertritt. Diese Fragetechnik ist sehr wichtig für die Ergebnissicherung in einem Gespräch oder Prozess. Ansonsten würden Ergebnisse verloren gehen.

Beispiele:

- „Sind hierzu noch Fragen offen?"
- „Was müssen wir hier unbedingt noch festhalten?"

Über-Bande-Frage

Ziel: „Verdecktes Ermitteln". So erfährst du Dinge, die du vielleicht nicht so gerne offen ansprichst, weil es unverschämt wäre oder dein Gegenüber nicht antworten würde.

Beispiel:

- „Wann haben Sie denn Abitur gemacht?" (So kann man dezent herausfinden, wie alt jemand ist).

Bohrende Frage

Ziel: Nachhaken. Wenn dein Gegenüber ausweichen möchte, kannst du als Fragesteller gnadenlos dranbleiben. Diese Hartnäckigkeit äußert sich in Fragen wie:

- „Ich frage mich nach wie vor, warum Sie das nicht gemacht haben?"
- „Darf ich hier bitte noch einmal nach dem Grund für die Entscheidung fragen?"

Brücken-Frage

Ziel: Inoffizielle Mitteilung. Manchen Menschen muss man stabile Brücken bauen, damit sie mit ihren Gedanken herausrücken. Mit Brücken-Fragen bereitest du dafür das Terrain.

Beispiel:

- „Nach Beendigung des offiziellen Teils: Gibt es etwas, das Sie mir gerne noch sagen würden?"

Was-wäre-wenn-Frage

Ziel: Anregung. Manche Menschen können nur schlecht die Perspektive wechseln oder bestimmte Vorstellungen entwickeln. Mit „Was wäre, wenn"-Fragen bereitest du als Kommunikator den Raum dafür.

Beispiel:

- „Was wäre, wenn Sie sich hier im Unternehmen JEDEN x-beliebigen Job aussuchen könnten?"

Schnelle Frage

Ziel: Gesprächsfluss. Wenn du ein Gespräch im Fluss halten möchtest, bietet sich die schnelle Fragetechnik an. Sie ist reduziert auf die W-Fragewörter (wo, wann, wer, warum, wie, was, wem ...?). Schnelle W-Fragen wirken im jeweiligen Moment vielleicht ein wenig schroff, erfüllen aber in manchen Situationen durchaus ihren Zweck.

FAZIT

Du kannst dich inhaltlich noch so gut vorbereiten; entscheidend für deinen Erfolg im Gespräch ist die Einbeziehung deines Gegenübers. Frage, involviere und begeistere deinen Gesprächspartner. Transformiere den Monolog zum Dialog. Wirkungsvolle Fragen funktionieren wie Fliegenfänger für sein Denken. Wenn du ein wenig Gespür für die richtigen Fragen im richtigen Kontext entwickelst, kannst du deine Kommunikation effektiver und konfliktärmer gestalten. Außerdem kommst du in vielen Gesprächen schneller ans Ziel.

57

IM ZWEIFEL – EINFACH MAL SCHWEIGEN. Manchmal reicht ein einziger Satz, um sich bis auf die Knochen zu blamieren. Das kann sogar Medienprofis passieren. Wenn der Sportreporter Waldemar Hartmann bei „Wer wird Millionär?" mit stolzgeschwellter Brust ausgerechnet bei einer leichten Sportfrage patzt, dann möchte man stellvertretend für ihn im Boden versinken.

Wer glaubt, ein wohlklingender, warm vorgetragener Wortschwall könne stets punkten, der irrt. Klar, manchmal fallen wir auf klangvolles Geschwätz herein. Doch irgendwann endet jede Glückssträhne, und dann steht selbst der größte Poser nackt vor uns im Licht.

Wenn du bei einem Thema nicht wirklich sattelfest bist, solltest du im Moment des Verbal-Impulses selbigen kontrollieren und lieber den edlen Beobachter geben – oder dein Nichtwissen eingestehen. Das macht dich am Ende nämlich glaubwürdiger, souveräner und selbstsicherer.

Nicht selten in meiner Laufbahn habe ich deswegen Vorträge oder Diskussionsrunden zu bestimmten Themen nicht angenommen. Denn eine meiner unumstößlichen Haltungen ist: Präsentiere nur Dinge und Sachverhalte, bei denen du dich wirklich auskennst.

FAZIT

Im Zweifel – schweigen. Macht, Einfluss und Souveränität lieben den Minimalismus. Oder hast du jemals einen mächtigen, einflussreichen oder beeindruckenden Menschen erlebt, der ohne Punkt und Komma vor sich hin geredet hat?

58 SELBSTIRONIE IST EINE TOLLE SACHE.

„Ironie ist die letzte Phase der Enttäuschung."
(Nobelpreisträger Anatole François Thibault)

„Ironie ist jene Prise Salz, die das Aufgetischte überhaupt erst genießbar macht." (Dieser Satz wird Johann Wolfgang von Goethe zugeschrieben.)

Beim Thema Ironie scheiden sich die Geister. Für die einen ist Ironie ein ätzendes Säurebad, für andere ein wundervoller Geschmacksverstärker. Für mich ist Ironie das Ausdrucksmittel der Reflektierten. Insbesondere Selbstironie ist ein feines Stilmittel, mit dem ich im stressigen Alltag schon mal den Knopf an meinem Hemdkragen aufmache. Bei größeren Pannen in meinen Radioshows habe ich gerne mal Sätze wie diesen hier gesagt: „Wenn ich der Schichtleiter in einem Atomkraftwerk wäre, ja, dann hätten wir jetzt alle ein mieses kleines Problem ..."

Mach es wie Barack Obama oder Thomas Gottschalk: Übe dich in Selbstironie. Werde persönlich. Ein Obama-Spruch klingt so: „Meine Frau und meine Töchter sind heute nicht da, sie wollen nicht schon wieder eine Rede von mir hören." Ein typischer Gottschalk geht so: „Ich habe mir mein Leben immer schönmoderiert."

Ohne Selbstironie wird dein öffentlicher Auftritt fad. Wenn du willst, dass dir jemand länger als einen Augenblick zuhört, dann sei ehrlich und selbstironisch. Es wirkt – immer! Du denkst, das geht nicht? In deinem Umfeld gar nicht machbar? Und schon gar nicht in einem wichtigen Meeting oder bei einem ernsten Thema!? Ich kenne diese Einwände. Dummerweise fällt deine

← Patrick

Persönlichkeit in diesem Moment dem inneren Rotstift zum Opfer. Und damit leider auch die Aufmerksamkeit deiner Zuhörer.

Je wichtiger deine Rolle ist, desto mehr solltest du dich selbst auf die Schippe nehmen. Solange sich deine Ironie nicht gegen andere Menschen richtet, ist sie etwas ganz Wunderbares.

FAZIT

Wer selbstironisch ist, nimmt sich selbst nicht allzu wichtig, kann Dinge relativieren und auch mal über sich selbst lachen. Selbstironie ist ein wichtiger Indikator für Eloquenz, Sprachgewandtheit und Abstand. Sie ist die Humor-Farbe der Wendigen.

59

LYNENS TOP 10 FÜR DEN ÖFFENTLICHEN AUF-TRITT. Fast alle Menschen empfinden einen öffentlichen Auftritt als bedrohliche Situation. Sie werden panisch, haben Angst vor Blamagen, Fehlern oder Pannen. Nimm dies als selbstverständlich hin und mache die Angst zu deinem persönlichen Treiber. Bis heute bin ich vor jedem Bühnenauftritt schrecklich nervös. Und das ist gut so. Denn erst mithilfe der Anspannung kann ich meine Leistung auf den Punkt abrufen und überzeugen.

Du sollst demnächst mal wieder einen Vortrag halten? Kein Grund zur Panik. Alles nur eine Frage des Handwerks! Hier kommen Lynens Top 10 für bessere öffentliche Auftritte:

1. Viele Menschen schaffen es, durch extremes Schnellsprechen völlig vom Inhalt abzulenken. Und das ist unbewusst auch so gewollt. Der Hintergedanke: Wenn mein Gegenüber mich nicht versteht, dann kann es mir nicht widersprechen oder mich kritisieren. Doch bedenke: Dein Gegenüber kennt deine Botschaft in den allermeisten Fällen noch nicht. Du hast sie bereits mehrfach gedacht, reflektiert, vielleicht sogar vor anderen Menschen ausgesprochen. Setze geschickte Pausen, vergiss die Zäsuren nicht und bring damit Ruhe in deinen Vortrag, damit dein Gegenüber eine Chance hat, zu verstehen, worum es wirklich geht.

2. Eine sinnvolle Gliederung und eine klar erkennbare Struktur geben dir die Möglichkeit, Stress und Versprecher zu vermeiden. Je einflussreicher jemand ist, desto mehr Pausen und Zäsuren können wir in seinem Vortrag beobachten. Macht und Wirkung basieren auf langsamen Gesten.

3. Die meisten Menschen ziehen ihren Bauch ein, sobald sie sprechen. Sie holen kurz tief Luft, wodurch sich ihre Brust spannt, halten für eine Sekunde den Atem an und „pressen" dann ihre Sätze heraus. Das Resultat ist eine verspannte Darbietung. Von einem angespannten Körper sind jedoch auch die Stimmbänder betroffen. Die Blutzufuhr sinkt, der Stress steigt.

4. Fass dich um jeden Preis kürzer als alle anderen Redner an diesem Tag. In zehn Minuten Redezeit passt viel hinein. Und wer zehn Minuten Rede plant, landet ohnehin bei zwanzig.

5. Die ersten und letzten Worte bleiben deinem Publikum im Gedächtnis. Starker Anfang, starkes Ende.

6. Erzähl zu Beginn eine packende Geschichte. Eine, die du liebst. Folge dabei deinem inneren Kind. Was haben du und deine Zuhörer schon in der Jugend geliebt? Packst du dein Publikum bei seiner kindlichen Spielfreude, hast du es augenblicklich für dich und deine Sache gewonnen.

7. Wir Menschen lernen nur über Geschichten und Bilder. Es sind Emotionen, die Menschen miteinander verbinden. Gefühle sind der Kompass der Herzen. Was sie emotional nicht erreicht, lässt sie kalt. Emotionen haben immer Vorfahrt. Wenn du dein Publikum bewegen willst, solltest du bewegend sein. Finde zur Erklärung deiner Vision die bestmögliche Metapher, ein funktionierendes Gleichnis.

8. Sieh die Menschen an. Lass deinen Blick laaaangsam von links nach rechts durch den Raum wandern. Schaffe Gemeinschaft. Sei einladend und nimm Kontakt auf. Erfolg entsteht nicht nur durch clevere Inhalte oder eine großartige Idee, sondern auch, weil die Idee zunächst mal bei den Menschen vor dir funktioniert. Das ist dein sogenanntes Peer-Milieu, das deine Idee weitererzählt.

9. Nutze die Erzählkraft von Musik, um deine Geschichte zu intensivieren. Jede Musik steht für eine wunderbare Geschichte, ist im besten Sinne „Storytelling".

10. Schon der legendäre Regisseur Alfred Hitchcock wusste: Spannung ist vor allem Erwartungsspannung. Damit es deine Zuschauer kaum noch auf den Stühlen hält, müssen sie den Höhepunkt permanent erahnen können.

FAZIT

Häufig sind es nur mangelnde Vorbereitung und unzureichendes Handwerk, die uns Menschen zu einer klammen Rede oder zu Angst bei Präsentationen treiben. Nutze Lynens Top 10 – und alles wird gut.

Emotion

60

DAS UNBEWUSSTE – DIE SPEICHERKARTE DER EMOTIONEN. Jenseits der täglichen Gedanken schlummert noch ein Vielfaches in uns.

Die Wissenschaft geht davon aus, dass der größte Teil unseres Bewusstseins (ca. 95 Prozent) unter der Oberfläche schlummert. Nur ein geringer Anteil (also ca. 5 Prozent) ist uns wirklich bewusst.

Diese abstrakte Zahl scheint unfassbar. Man erahnt die Kraft des Unbewussten allerdings schnell, wenn man weiß: Geschäfte verkaufen dreimal so viel französischen Wein, wenn im Hintergrund französische Musik läuft. Man spürt diese Macht, wenn man mit dem Rauchen aufhören möchte. Oder endlich mal wieder Sport treiben will, nachdem man das Thema schon ewig vor sich herschiebt. Das Unterbewusste ist die eigentliche Machtzentrale in unserem Dasein. Auch die folgenden Beispiele verdeutlichen, wie mächtig unser Unterbewusstsein ist:

- Wissenschaftler konnten nachweisen, dass alles, was uns Menschen an den Tod und das Sterben erinnert, gehorsamer macht.

- Ein Bildschirmschoner mit Dollarzeichen sorgt dafür, dass Menschen stärker auf ihre eigenen Vorteile bedacht sind.

- Schaut ein Augenpaar als Foto von der Wand, zahlen Kollegen oder Freunde etwa doppelt so viel in die Kaffeekasse ein, wie wenn ein Landschaftsbild den Raum schmückt. Wer sich beobachtet fühlt, handelt für gewöhnlich moralischer. Das funktioniert übrigens auch, wenn das Bild gar nicht bewusst wahrgenommen wird.

- Wer eine Steuererklärung oder eine Versicherungsmeldung unterschreibt, ist bei dem, was über der Unterschrift steht, nicht immer allzu ehrlich. Doch man kann Menschen mit einem kleinen Trick zu ehrlicheren

Zeitgenossen machen, indem man sie das Formular gleich zu Anfang unterschreiben lässt. Wenn die Unterschrift vorab gefordert wird, steigt der Wahrheitsgehalt des Inhalts um etwa 60 Prozent.

FAZIT

Unser Unbewusstes ist wie der unsichtbare Teil eines Eisbergs, der unter der Wasseroberfläche liegt und nur in Ausnahmesituationen an die Oberfläche kommt. Unbewusst nehmen wir viel mehr wahr, als das, was unseren Alltag im Bewussten ausmacht.

61

GEFÜHLE – DER KOMPASS UNSERES HERZENS.

Na, wie viele Gefühle hattest du heute schon? Vielleicht warst du nach dem Aufstehen neugierig, ob sich die Sonne blicken lässt. Du warst wütend, als ein Regenschauer auf dich niederging. Möglicherweise hattest du Angst, dass diesen Monat das Geld nicht reicht, und du hast dich gefreut, dass du heil durch den Berufsverkehr gekommen bist. Während der Bahnfahrt hat dich ein übles Gefühl überkommen. Da stand er wieder, dein Mitfahrer, der immer so eigenwillig riecht. Und irgendwie warst du auch traurig, weil sie oder er diesmal nicht eingestiegen ist. Dabei bist du doch verheiratet – und schämst dich ein wenig für deine anzüglichen Gedanken. Schon hast du in wenigen Minuten fast alle Grundemotionen erlebt: Neugier, Ärger, Wut, Angst, Freude, Ekel und Trauer, Interesse, Verachtung, Schuld und Scham. Es sind diese Emotionen, die uns Menschen bewegen und verbinden. Nur was uns emotional bewegt, nehmen wir überhaupt wahr. Was keinen emotionalen Wert hat, blenden wir aus.

In vielen neurowissenschaftlichen Studien wurde nachgewiesen, dass unser Gehirn nach Mechanismen funktioniert, die Jahrtausende alt sind. Die einzigen Informationen, die wir dauerhaft abspeichern, sind kleine und große Geschichten, die uns emotional berühren. Emotionen haben in unserem Kopf ein Vetorecht. Über packende Geschichten entstehen in unseren Köpfen Bilder, Wünsche, Bedrohungen, Heldensagen, Liebesdramen, Komödien, Ärgernisse. Das erklärt auch, warum wir uns den langweiligen Stoff in der Schule oder während des Studiums nie so recht merken konnten oder wollten. Zwei reale Beispiele aus der Politik machen den Unterschied deutlich:

AUSSENPOLITIK

Politiker 1 hat sich für eine eher statische Formulierung entschieden: „Nein zu einer Vollmitgliedschaft, eine privilegierte Partnerschaft könnte aber durchaus ein Mittel der Wahl sein."

Kraftvoller bringt es Politiker 2 mit einer emotionalen, bildhaften Variante auf den Punkt: „Der Türkei die Türe vor der Nase zuzuschlagen – das halte ich für gefährlich."

In Sachen Überzeugungskraft und Emotion kann man sich auch so einiges von Greenpeace abschauen: Da werden die Buchstaben der Parole „Nein zu Gen-Pflanzen" mit Bierbänken vor dem Brandenburger Tor geformt und von oben fotografiert. In den 80er-Jahren schmissen Greenpeace-Aktivisten weiße T-Shirts in die Elbe, um sie später blau wieder herauszuziehen. Greenpeace setzt seit Jahrzehnten auf die Macht der Bilder, Geschichten und Emotionen.

FAZIT
Was keine Emotionen weckt, ist für uns Menschen weitgehend bedeutungslos.

62 WIE DU DIE KRAFT DER INNEREN BILDER NUTZT.
Bewusste und unbewusste Bilder und Vorstellungen in deinem Kopf können eine sehr starke Wirkung auf dein Leben haben. Heilpraktiker, Ärzte und Psychologen wissen um die Kraft dieser inneren Bilder. Wer sich beispielsweise in seinem Heilungsprozess regelmäßig eine aufgehende Sonne vorstellt, wird erwiesenermaßen schneller gesund als jeder Miesepeter. Du kannst diese Gabe der Fantasie jederzeit für dich nutzen und deine Gedanken wie einen wundervollen Zauberkasten einsetzen. Da dein Unterbewusstsein in Emotionen und Bildern denkt, ist die Kraft der Visualisierung gefragt.

Dabei solltest du wissen, dass dein Unterbewusstes nicht zwischen deinen Gedanken und der Realität unterscheiden kann. Deshalb wirkt jedes von dir gedachte Bild, jede deiner bildhaften Vorstellungen so, als hättest du das Imaginierte wirklich erlebt. Aus diesem Grund ist es auch keinesfalls egal, mit welchen Gedanken du deinen Speicher füllst. Und es erklärt, warum Kinder keine Gruselfilme sehen sollten.

Nutze die Kraft der inneren Bilder, sooft es eben möglich ist. Nach dem Aufstehen, auf der Fahrt zur Arbeit, im Supermarkt oder wenn dir zwischendurch langweilig ist. Wann immer du Lust oder Zeit hast, schließt du einfach die Augen und stellst dir dein Ziel bildlich vor deinem inneren Auge vor. Sieh es, höre es, ertaste es, rieche es, schmecke es. Stell dir vor, wie andere sich mit dir freuen. Stell dir vor, wie leicht und selbstverständlich du das alles schaffst. Geh jeden einzelnen Schritt auf dem Weg so sinnlich und bildhaft wie möglich durch. Je farbiger und verständlicher die Bilder sind, desto überzeugender ist es für dein Unterbewusstsein.

Der beste Tag? Natürlich heute!

Visualisiere deine Erfolge immer wieder klar vor deinem geistigen Auge. Dann wirst du sehr bald feststellen, wie sich deine Art zu fühlen wandelt. Du wirst die Dinge heiterer wahrnehmen, dein Selbstwertgefühl und deine Motivation werden sich binnen weniger Tage steigern. Denn unser Gehirn mag bunte und emotional aufgeladene Bilder. Es ist wirklich beeindruckend. Du glaubst gar nicht, wie oft ich mich schon mit dieser Methode am eigenen Schopf aus einem schmutzigen Grauton befreit habe.

Diese Technik kannst du übrigens auch immer dann einsetzen, wenn du ein neues Ziel anpeilst oder etwas unbedingt erreichen möchtest. Entscheidend dabei ist, dass du diesen Zauberkasten möglichst oft öffnest und keine Verneinungen benutzt („Den Stress sollte ich künftig nicht mehr an mich heranlassen."). Unser Hirn kann Verneinungen nicht verarbeiten. Wirksam ist immer nur die positive und zielorientierte Formulierung („Ab sofort werde ich jeden Morgen bei Sonnenaufgang meditieren!")

Die Methode des sogenannten emotionalen Storytellings hat sich als so wirkungsvoll erwiesen, dass sie inzwischen an der Harvard Business School als das Kommunikations- und Marketinginstrument schlechthin gelehrt wird. Jede Information, jedes Produkt, jede Kommunikation, jeder Wunsch muss emotional inszeniert werden. Überzeugungskraft ist gleichzusetzen mit emotionaler Sprache, der Sprache des Unbewussten. Auf diese Weise werden Ziele, Wünsche und Fakten überhaupt erst bedeutsam.

FAZIT

Übe dich im sinnlichen Erleben und male dir aus, wie dein „Ja" und dein Ziel ganz konkret aussehen sollen. Erfolg ist eine Nebenwirkung von Begeisterung.

63

WIE WÄR'S MAL MIT VERLETZLICHKEIT? Es gibt Hunderte von Ratgebern zum Thema Authentizität. Sie sollen uns beibringen, wie wir authentisch werden können. Dabei ist das im Grunde sehr einfach. Authentisch sein bedeutet, dass wir uns ohne schützende Maske zeigen.

Authentizität beginnt schon damit, dass du dir in deiner Beziehung Zeit für dich nimmst, wenn du sie sehnlichst brauchst. Oder dass du es in der Firma nicht allen recht machst. Es ist aus meiner Erfahrung immer besser, manche Unannehmlichkeit hinzunehmen, als sich wiederholt zu verbiegen oder auf Dauer falsche Kompromisse einzugehen. Denn nur mit innerer und äußerer Klarheit wird es dir gelingen, deinem eigenen Wesen und Weg treu zu bleiben, dich nicht von anderen manipulieren, ablenken oder kontrollieren zu lassen. Nur wenn du wahrhaft sagst, was du denkst und fühlst, erkennen sich Menschen in dir wieder. Nur wenn du deine Ecken und Kanten sichtbar machst, werden andere Menschen sich darin spiegeln können. Nur wenn du anderen Menschen nicht ständig ein anderes Ich vorspielst, ziehst du die Menschen an, die deine Haltung zu schätzen wissen.

Belüg dich nicht weiter selbst. Zeige deinen Mitmenschen dein wahres Gesicht. Sprich zu deinem Partner und deinen Freunden von dem, was dich wirklich bewegt, auch wenn du einen schlechten Tag haben solltest. Prüfe sehr ehrlich, in welchen Situationen du eine Rolle spielst oder eine Wirklichkeit lebst, die gar nicht zu dir passt.

Am meisten lügen wir nicht durch das, was wir sagen, sondern durch das, was wir niemals aussprechen, aus Angst, die anderen könnten uns auslachen, verurteilen, ablehnen oder uns ihre Freundschaft kündigen. Diese Vermeidungshaltung ist jedoch eine, die wir später im Leben bereuen könnten. Denn gegen die Wahrheit seines Herzens zu leben, macht unfrei.

FAZIT

Der beste Weg zum Glück ist aus meiner Sicht Authentizität. Nur so ziehst du genau jene Leute an, die wirklich zu dir passen – und signalisierst dem Rest, dass du anders „schwingst" als sie. Folge deiner inneren Stimme und deinen tiefsten Wünschen, dann wirst du dich und deine Talente ganz selbstverständlich entfalten. Sobald du dich nach den Vorstellungen anderer ausrichtest, verlierst du deine innere Kraft.

64

WIE DU DEIN IMAGE SCHÄRFST UND ZUR EMOTIONALEN MARKE WIRST. Gute Leistungen sind für gerade mal zehn Prozent des beruflichen Erfolgs verantwortlich. Den großen Rest besorgen Image, Nimbus und Bekanntheitsgrad. Das ist das Ergebnis einer Studie über die Einschätzung von Managern in einem großen IT-Konzern.

Echtes Charisma entsteht durch Emotion, auf Basis des urmenschlichen Bedürfnisses nach Zugehörigkeit, Identifikation oder Abgrenzung. Menschen, deren Botschaften uns nicht positiv oder negativ berühren, nehmen wir nicht wirklich wahr. Indem wir uns mit der Gefühlswelt eines anderen Menschen identifizieren und uns mit ihm oder ihr verbunden fühlen, grenzen wir uns gegenüber jenen Menschen ab, die anderen den Vorzug geben. Auf diese Weise stärken wir unseren Selbstwert gleich doppelt: Einmal über die Zugehörigkeit, ein weiteres Mal über die Abgrenzung.

Nun wirst du womöglich sagen: „Ich bin doch keine Firma oder Ware." Du findest die Vorstellung, dein Image zu schärfen, bizarr oder gar unethisch. Du willst vielleicht auch deswegen keine Marke sein, weil du nicht zu einem Kunstprodukt werden willst, das im Frankenstein'schen Labor erschaffen wurde. Viele glauben, dass es beim sogenannten Selfbranding darum geht, sich ein artifizielles Profil zu konstruieren, das man gegen innere Widerstände jeden Tag vertreten muss. Doch weit gefehlt. Es geht einzig und allein darum, die eigene Einzigartigkeit authentisch zu zeigen und zu leben. Jeder Mensch hat Eigenschaften, die ihn zum Unikat machen: Aussehen, Charakterzüge, berufliche Hintergründe, Hobbys. Die Kunst besteht eben nicht darin, anderen etwas vorzuspielen, sondern die eigenen besonderen Merkmale zu erkennen und zu kommunizieren.

Was also sind Merkmale deiner Persönlichkeit? Was definiert dich? Bei der Suche nach klar umrissenen Eigenschaften können dir folgende Stichworte helfen:

- Dein Familienstand?
- Deine Hobbys?
- Dein Umfeld?
- Dein Charakter?
- Deine Vorlieben?
- Deine Abneigungen?
- Dein Aussehen und Styling?
- Deine Schwächen?
- Dein Humor?
- Dein Lebensstil?
- Deine Einstellung?

Ein zentrales Element aller zwischenmenschlichen Beziehungen ist die emotionale Resonanz, also die Fähigkeit, die Persönlichkeit des Gegenübers zu erfahren. Emotionale Resonanz kann natürlich nur entstehen, wenn ich etwas Persönliches zu sagen habe und damit beim anderen „andocken" kann.

FAZIT

Neben einer inhaltlich und formal sauberen Arbeitsleistung solltest du für dich auch am Arbeitsplatz klare Eigenschaften definieren und diese wohldosiert kommunizieren. Auch schwache Seiten der eigenen Persönlichkeit gehören dazu. Niemand liebt perfekte Menschen aus der Retorte. Wir alle sind irgendwie unvollkommen.

Gelassenheit

65

GESTRESST ODER GELASSEN? Früher war alles ein wenig anders, auch im Job. Als ich vor über zwanzig Jahren als freiberuflicher Mitarbeiter in den Medien startete, war das vorherrschende Modell: „Ich, Arbeitgeber, biete dir Sicherheit – du, Arbeitnehmer, gibst mir dafür Loyalität." Diese Erfahrung ist wohl eher ein Auslaufmodell. In den vergangenen Jahren haben sich die meisten Unternehmen weitreichend verändert. Es kam zu einer immensen Verdichtung von Aufgaben und Anforderungen. Und gegenseitige Loyalität ist in den meisten Fällen zu einem Fremdwort geworden. In der globalisierten Wirtschaftswelt geht man zwar miteinander „ins Bett" – muss deswegen aber nicht gleich heiraten. Arbeitsverhältnisse sind immer häufiger von Flexibilität und Nichtverpflichtung geprägt.

Wenn du den Wunsch hast, die Firma zu wechseln oder etwas ganz Neues anzufangen, wenn du die Turbulenzen und die Prozessorientierung in deiner Firma kaum noch ertragen kannst, deinen Job am liebsten sofort kündigen möchtest: Triff diese Entscheidung nicht übereilt. In Stress-Situationen neigen wir zur Übertreibung. Wir malen schwarz („Kann ja nix geben …!"), wir verallgemeinern („Alles Mist. Ich hab immer die Arschkarte."), nehmen Kritik allzu persönlich. Du kannst die Firma, deine Umgebung, die Menschen in deinem Umfeld nicht mehr sehen? Na, wunderbar! Schon kannst du völlig anders mit der Situation umgehen. Akzeptiere, dass manche Dinge nun mal so sind, wie sie sind. Tritt einen Schritt zurück und schau dir das bizarre und absurde Geschehen doch einfach mal mit ein wenig Abstand aus der Vogelperspektive an, anstatt dich wie ein Kampfhund (und so viele andere Menschen) hinein zu verbeißen. Distanz macht entspannt. Ferne macht souverän.

Mach innerlich Frieden mit deinem Umfeld, mit der Firma, den Menschen dort und den Erlebnissen. Frag dich, was du über das Leben und dein persönliches Wachstum gelernt hast – denn auch diese Erfahrungen hatten ganz sicher einen Sinn.

FAZIT

Wenn du im Job kreuzunglücklich bist, brauchst du vielleicht einen radikalen Schnitt. Manchmal reicht es aber schon aus, innerhalb der Branche die Funktion zu wechseln oder innerhalb der Firma in eine neue Abteilung zu kommen.

66

ICH HASSE DIESEN JOB! Unzufriedenheit im Job ist nicht primär das Ergebnis von zu viel Arbeit, sondern eher die Folge eines subjektiv erlebten Autonomieverlustes. Wenn ich das Gefühl habe, den Dingen ausgeliefert zu sein, dann empfinde ich Stress. Ich habe Angst, dass ich mein Pensum nicht schaffe. Von gestern ist noch ein Stapel Arbeit liegen geblieben und während ich noch über diese Aufgaben nachdenke, klingelt das Telefon und ein Kollege berichtet mir von Problemen in seinem neuen Projekt. Außerdem beginnt doch in wenigen Minuten schon wieder ein Meeting.

In solchen Momenten wandern unsere Gedanken in Sekundenbruchteilen von der Vergangenheit in die Zukunft und wieder zurück. Wir beschäftigen uns damit, dass morgen ein Meeting ansteht, der Zulieferer eine überhöhte Rechnung geschickt hat und wie der Kollegin wohl das neue Kleid gefallen wird. So rennen wir gedanklich von einer Baustelle zur anderen und unser Kopf ist entweder bei dem, was kommt, oder bei dem, was war. Unser Körper ist aber im Jetzt. Mein Tipp, auch für den Job: Sei jetzt. Sei hier.

Ruhe und Einkehr im Job bedeuten:
deine Gedanken sind in diesem Moment nicht in der Vergangenheit,
deine Gedanken kreisen nicht um die Zukunft,
du sorgst dich nicht, was irgendwann Schlimmes passieren könnte,
du bewertest deine Gedanken in diesem Moment nicht,
du spürst, was sich jetzt in deinem Körper ereignet,
du blendest deine Umgebung völlig aus und bist nur bei dir.

FAZIT

Zwei oder drei Minuten bewusste Einkehr können selbst in den turbulen-
testen Berufsumfeldern für einen besseren Flow sorgen. Wer erst einmal
sortiert und gewichtet und nur zu bestimmten Zeiten Mails checkt, leidet
deutlich seltener unter der Angst vor Kontrollverlust.

67

**WARUM CELINE DION EIN LIED FÜR MICH GE-
SUNGEN HAT.** Früher durfte ich auf Kosten der Musik-
industrie durch die Welt fliegen und in schicken Nobel-
hotels Rod Stewart, Robbie Williams oder Mick Jagger
interviewen. 1990 war es Celine Dion. An einem sommerlichen Vormittag
treffe ich sie im Hotel in London. Jeder Musikjournalist hat eine genau festge-
legte Interviewzeit: exakt 15 Minuten – und keine Sekunde länger. Vor der Tür
zu ihrer überdimensionierten Hotel-Suite wachen gleich zwei Aufpasser der
Plattenfirma über die genaue Einhaltung dieser „slots". Nachdem zwölf Minuten meiner Interviewzeit vorbei sind, werde ich langsam nervös. Habe ich
doch erst ein gutes Drittel meiner vielen Fragen gestellt. Ehrlich, wie ich nun
mal meistens bin, sage ich ihr genau das. Sie denkt kurz nach, holt tief Luft und
sagt dann mit ihrem zuckersüßen frankokanadischen Akzent:

„Die Hektik der Branche hasse ich. Schau sie dir alle an – diese gehetzten Blicke, ihre hektischen Gesten. Das ist grausam. So möchte ich nicht sein. Was
geschieht, wenn wir 15 Minuten länger brauchen? Gar nichts!" Und dann tut
sie etwas Großartiges. Sie singt aus dem Stegreif ein Lied aus meiner Kindheit
in mein Mikro – das weltberühmte Lied aus dem Film „Dschungelbuch" – auf
Englisch. Da dies augenscheinlich ein deutsches Buch ist, hier der Text der
deutschen Song-Version:

*„Probier's mal mit Gemütlichkeit, mit Ruhe und Gemütlichkeit und schmeiß'
die blöden Sorgen über Bord. Und wenn du stets gemütlich bist und etwas
appetitlich ist, dann nimm' es dir, egal von welchem Ort."*

(„Das Dschungelbuch", Warner Home Video, Produktionsjahr 1967, DVD-Erscheinungsjahr 2000)

Als der Vertreter der Plattenfirma nach exakt 15 Minuten unser Gespräch beenden will, verweist sie ihn unmissverständlich in seine Schranken. Was er mir beim Abschied mit einem ziemlich finsteren Blick dankt. Ich kann es verschmerzen. Noch auf dem Heimflug nach Deutschland schwebe ich auf Wolke 7.

FAZIT
Schau mal wieder „Das Dschungelbuch".

68

WENN DIE KERZE VON BEIDEN SEITEN BRENNT.
Mit Stresshormonen im Blut konnte Urs Urmensch in Millisekunden auf bedrohliche Extremsituationen reagieren. Was beim Angriff eines Raubtiers noch absolut lebensrettend war, ist in der modernen Welt aber auf Dauer purer Verschleiß. Die Nebennieren schütten Stresshormone aus. Die Herzfrequenz erhöht sich, der Blutdruck steigt, die Pupillen weiten sich. Letzteres übrigens, damit wir im Dunkeln besser sehen können. Stress ist nicht grundsätzlich schädlich. Doch wenn die Kerze ständig von beiden Seiten brennt, kommt es zur sogenannten „Adaptationsreaktion". Der Körper „gewöhnt" sich an das jeweilige Stresslevel. Bei vielen Menschen äußert sich das anfänglich als Müdigkeit und Erschöpfung. Bleibt die Belastung, fühlen wir uns irgendwann emotional „leer". Der Blick wird starr und verschlossen für die Bedürfnisse anderer.

Diese Anzeichen starker Frustration, oft verbunden mit Angstgefühlen, machen den Alltag immer zähflüssiger. Der Schlaf wird schlechter, Träume bleiben aus. Unruhe, Nervosität und noch mehr Anspannung sind die Folge. Körperlich äußert sich Dauerstress nicht selten durch Schulter- oder Muskelverspannungen, Kopfschmerzen und Magenbeschwerden. Wenn wir zu lange mit Vollgas fahren und dabei wenig achtsam mit uns umgehen, haben wir ab einem bestimmten Punkt keine Energie mehr. Wir sind kraftlos, haben keine Leuchtkraft mehr und geben keine Wärme.

Gönne dir immer wieder einen Moment der Muße. Lass den Rechner aus, leg dein Smartphone in die Ecke, schalte den Fernseher ab. Und hinterfrage mal den Sinn all dieser kleinen Aufmerksamkeitsfresser. Sei für ein paar Minuten nur mit und bei dir. Du brauchstsolche Ruhe- und Haltepunkte im Leben. Du brauchst diese Phasen der Besinnung – um anschließend wieder mit Lust und Gelassenheit an die Arbeit zu gehen. Nur wenn du für dich selber leuchtest, kannst du für andere Menschen ein Leuchtturm sein.

FAZIT

Finde eine Oase im Alltag. Steig aus dem Hamsterrad aus. Geh, fahr oder flieg für eine Weile in eine andere Umgebung. Doch, das geht auch mit drei Kindern und einem anstrengenden Job. Für eine Stunde, für einen Tag, ein Wochenende oder eine Woche. Und frag dich in aller Ruhe: Bin ich mit mir und meinem Leben glücklich? Will ich etwas ändern? Und wenn ja – was? Gibt es Dinge, von denen ich vergessen habe, dass sie schön sind?

69 „JEDEN TAG AM LIMIT!"

„Ich bin echt sauer."
„Ich hab die Nase voll."
„Mein Herz ist schwer."
„Das liegt mir echt im Magen."
„Da liegt eine Last auf meinen Schultern."

Zu jedem Denk- und Verhaltensmuster passt ein körperlicher Zustand. Zusätzlich tauchen in hektischen Situationen oft negative Gedanken auf, die den Stress noch verstärken („Puh, das ist kaum zu schaffen."). Wir malen schwarz („Das kann ja nix geben!"), verallgemeinern („Alles Mist. Schon wieder ich."), nehmen Kritik persönlich („Was glaubst du eigentlich, wer du bist?!"), haben Angst vor dem Kontrollverlust („Ich muss gerade tausend Bälle in der Luft jonglieren.") oder neigen zu Übertreibungen („Jeden Tag ein Länderspiel.").

Zu verstehen, was in stressigen Momenten genau mit dir passiert, macht dich auf Dauer autonomer. Nimm dich ganz genau wahr, auch wenn das in all dem Trubel noch so schwer sein mag. Beobachte deine Gedanken, dein Verhalten und deinen Körper, löse dich für ein paar Sekunden aus der Spirale namens „Stress" und frage dich: Was passiert hier gerade mit mir? Wie nehme ich diesen Moment körperlich wahr? Welche Sätze sage ich zu mir selbst? Nach einer Weile wirst du merken: Allein das Wissen um deine Empfindungen und körperlichen Prozesse wird deine gedanklichen Routinen bereits verändern.

FAZIT
Wenn es demnächst mal wieder irre turbulent zugehen sollte: Werde zum stillen Beobachter. Und dann zum Auge des Wirbelsturms, in dem es bekanntlich vollkommen still und ruhig ist.

Wissen

70

WARUM DU DIE WIRKLICH WICHTIGEN DINGE GLEICH MORGENS ERLEDIGEN SOLLTEST. Seit vielen Jahren arbeite ich nun schon als Sprecher für Werbespots und TV-Sendungen. Wenn du beispielsweise nach der „Tagesschau" die „Große Show der Naturwunder" mit Frank Elstner und Rangar Yogeshwar siehst, dann hörst du zu Beginn der Sendung meine Stimme.

Die Sprachaufnahmen für solche Sendungen oder Werbespots mache ich prinzipiell nur am Vormittag. Selbst wenn die Produktionsfirma oder der Sender sie lieber auf den Nachmittag verlegen würden. Der Grund? Am Morgen bin ich deutlich konzentrierter. Außerdem ist meine Stimme noch frisch und ausgeruht. Ich erledige alle wichtigen Tätigkeiten grundsätzlich am Morgen. Selbstbewusstsein, Überzeugungskraft und Durchhaltevermögen hängen von der Tageszeit ab. Experimente von Psychologen an der Universität des US-Bundesstaates Utah mit Studierenden haben eindeutig gezeigt, dass Menschen wichtige Tätigkeiten besser am Vormittag ausführen sollten. Ob es ein wichtiges Vorstellungsgespräch ist, eine für die Karriere entscheidende Rede, ein Meeting oder eine andere Aufgabe: Morgens waren die Ergebnisse der Testpersonen signifikant besser. Dieser Effekt, so erklären es die Psychologen, habe mit dem Schwund der Selbstdisziplin zu tun, der sich über den Tag immer deutlicher einstellt. Selbstbeherrschung und Konzentrationsfähigkeit sind ein Reservoir, das uns Menschen nicht unbegrenzt zur Verfügung steht. Insbesondere nach dem Mittagessen, wenn das sogenannte Suppenkoma bei uns einsetzt, wandert unsere Energie aus dem Kopf in den Darm, weil der Körper sie im größten menschlichen Organ zur Verdauung braucht. Als Seminarleiter kenne ich das. Während die meisten Teilnehmer morgens in ihrer offiziellen Rolle bleiben, kommt es am Nachmittag häufig zu eruptiven und selbstoffenbarenden Momenten, die den Betroffenen im Nachhinein oft peinlich sind.

FAZIT

Wenn du etwas Wichtiges zu sagen, zu erledigen oder zu organisieren hast – und nicht zufällig zu den Nachtmenschen gehörst –, mach es am Vormittag.

71

WARUM IM RADIO IMMER DIE GLEICHEN HITS LAUFEN. Die gesamte James-Bond-Reihe funktioniert nach einem äußerst vorhersehbaren Muster: Starker Mann liebt schöne Frauen, entkommt seinen zahlreichen Verfolgern – und rettet mal eben die Welt. Langweilig wird die Bond-Reihe trotzdem nicht. Menschen lieben Wiederholungen. Wiederholungen. Wiederholungen. Schon im Kindesalter war das so. Mama und Papa konnten uns stets die gleiche Geschichte vorlesen; sie wurde nicht langweilig.

Der amerikanische Psychologe Robert Boleslaw Zajonc hat dieses Phänomen schon vor rund 50 Jahren beschrieben. Wenn wir etwas häufiger sehen, hören, schmecken oder riechen, bewerten wir es eindeutig positiver.
Und so kaufen wir im Supermarkt das gelernte Markenprodukt – weil es einen „besseren Eindruck" macht. Wir lesen im Wartezimmer den Klatsch über Promis – weil sie uns so angenehm nah erscheinen. Und wir pfeifen den Hit aus den 80ern auch nach der zwanzigsten Wiederholung noch sehr gerne mit. Was uns vertraut ist, mögen wir. Das ist durch die Evolution ganz tief in uns verankert, denn unsere Vorfahren haben die Erfahrung gemacht: Wenn ich etwas antreffe und es verspeist mich nicht, dann darf ich mich auch beim nächsten Mal in Sicherheit wiegen.

Warum eigentlich? Neurowissenschaftliche Studien zeigen, dass es sich auf den „Trampelpfaden" im Gehirn besonders gut läuft. Ein neuer Pfad wird nicht angelegt, solange ein älterer vorhanden ist. Es liegt eine nutzbare Erfahrung vor, die wir nicht in Frage stellen möchten. Und so greifen wir lieber auf Bekanntes zurück.

Veränderungen sind nur dann nachhaltig, wenn du sie zur Routine werden lässt. Wenn du also Übungen, Abläufe und Verhaltensweisen wiederholst, wodurch sich im Kopf neue Vernetzungen, also Lernmuster bilden. Was wir mehrfach gedacht oder ausprobiert haben, das gräbt sich tiefer in unsere neuronalen Netzwerke ein.

Wiederholung sorgt für Verankerung. Wiederholung ist gut.
Wiederholung sorgt für Verankerung. Wiederholung ist gut.
Wiederholung sorgt für Verankerung. Wiederholung ist gut.

Wiederholen wir etwas oft genug, machen wir es unserem Hirn sehr viel leichter, es wieder abzurufen. Für den Alltag könnte das bedeuten: Geh nicht davon aus, dass deine Botschaften sofort ankommen. Weil du sie irgendwo gehört, weiterentwickelt, zu Ende gedacht, zu Papier gebracht und dann verkündet hast, ist deine persönliche Wiederholungsrate längst eingebaut. Doch Freunde, Mitarbeiter oder Kollegen hören sie womöglich zum allerersten Mal. Ganz sicher haben sie deine Botschaft vernommen, vielleicht sogar verstanden. Doch eben nicht mehr. Willst du deiner Botschaft eine Kraft geben, wiederhole sie gegenüber dem Team. Immer und immer wieder. Denn Worte sind sehr flüchtig. Die Empfänger der Botschaft müssen ihr Gehirn erst mühsam anders vernetzen. Eine neue Spur zu legen ist jedoch vergleichsweise aufwändig. Es sei denn, jemand hat an etwas irre viel Spaß. Dann musst du es nicht so häufig wiederholen. Denn dann saugt sein Gehirn die Infos auf wie ein Schwamm.

FAZIT

Zentrale Impulse brauchen Wiederholung. Egal, ob es um deine persönliche Entwicklung oder um Botschaften an andere geht – und unabhängig von intellektuellen Fähigkeiten. Wer etwas Neues ausprobieren, verkaufen oder schlicht kommunizieren möchte, sollte eine Wiederholungsrate einbauen.

72 WARUM ES MANCHMAL KEINE VERÄNDERUNG GIBT.

Konferenzraum der Firma Alfred B. Hugenspellt & Sohn Fensterbau GmbH & Co. KG in Uggenstedt-Ruppicheroth. Das wöchentliche Strategie-Meeting steht an. Seit über 24 Monaten folgt man nun schon dem ziemlich erfolglosen Marketingkonzept. Mitarbeiter Patrick L. ist sich zu hundert Prozent sicher, dass die Richtung falsch sein muss. Doch Geschäftsführer Björn B. entgegnet: „Wir haben in das Marketing ein extrem hohes Budget investiert. Das können wir jetzt nicht so einfach zurückdrehen." Die Folge: Es bleibt bei der bisherigen Ausrichtung – obwohl längst auch allen anderen Mitarbeitern klar ist, dass die Richtung auch nicht ansatzweise richtig sein kann.

Zuhause mit seiner Partnerin erlebt Patrick etwas ganz Ähnliches. Ihr Auto, ein schicker MGF von Rover, macht seit Jahren nur Probleme. Mal fallen die Scheibenwischer aus, bei Regen läuft Wasser in den Fußraum. Himmel! Außerdem blättert mittlerweile sogar der Lack am Türgriff ab. Ein Unding. Patrick möchte die Kiste in der Kultfarbe „British Racing Green" endlich verkaufen. Doch seine Frau interveniert: „Hey, wir haben damals so viel Kohle dafür ausgegeben, bist du denn völlig verrückt geworden?"

Beide Konstellationen haben wider Erwarten etwas gemeinsam. Menschen streben für gewöhnlich nach emotionaler Stabilität. Sie wollen vor sich selbst und für andere standfest und zuverlässig erscheinen. Das Eingestehen von Fehlern passt nicht recht in dieses Bild und setzt Menschen außerdem unter emotionalen oder Handlungsdruck. Sie müssten zugeben, früher anders gedacht zu haben. Und deswegen halten sie zu lange an bestimmten Dingen oder Entscheidungen fest, zögern eine notwendige Veränderung über Monate oder gar Jahre hinaus. Obwohl ihnen die Unsinnigkeit des eigenen Handelns längst klar ist.

FAZIT

Die größte Gefahr in Zeiten der Veränderung ist nicht die Veränderung selbst, sondern mit der Logik von gestern darauf zu reagieren.

73

DAS TEAM – EINE SOZIALE HÄNGEMATTE? Wer nicht teamfähig ist, bekommt in der modernen Arbeitswelt kaum noch einen Job. Dabei zeigen Studien, dass Teamarbeit in vielen Fällen extrem unproduktiv macht.

Der französische Ingenieur Maximilian Ringelmann untersuchte vor gut 150 Jahren die Effizienz der Arbeit von Tieren, Maschinen und Menschen. Dabei fand er etwas Spannendes heraus: Je mehr Männer gleichzeitig an einer Last zogen, desto weniger Leistung zeigte jeder Einzelne. Ringelmann testete das mit einem langen Tau bei einem, sieben und vierzehn Männern. Als Ingenieur war er nicht an den Gründen für diesen Leistungsverlust interessiert. Und dennoch hatte er als Erster den Effekt des sozialen Faulenzens entdeckt.

1974 wiederholte der amerikanische Sozialpsychologe Harry Ingham das Tauziehen. Allerdings wurde das Experiment leicht verändert. Die Testpersonen zogen nämlich mit verbundenen Augen. Einmal wurde ihnen vorher gesagt, dass sie in einer Gruppe zögen, und einmal, dass sie es nur für sich allein täten. Tatsächlich aber zogen sie beide Male allein. Du kannst dir das Ergebnis sicher schon denken. Wer glaubte, es ginge um Teamwork, zog deutlich schwächer. Damit war der Beweis erbracht: Menschen strengen sich in Teams weniger an. Es hat also einen wissenschaftlichen Hintergrund, wenn das Wort „Team" zur Abkürzung für „Toll, ein anderer macht's" verballhornt wird.

Nicht falsch verstehen: Teamarbeit ist natürlich dennoch eine wichtige Form des modernen Arbeitslebens. Doch es ist ebenso wichtig, dass jeder einen klaren Aufgabenbereich hat, für den man die Einzelleistung auch messen kann. Wer aber in zu großen Teams kein erkennbares Gesicht mehr hat, lässt seine Arbeit eher schleifen.

Übrigens: In der Gruppe halten sich die meisten Menschen nicht nur mit Leistung zurück, sondern auch mit dem Übernehmen von Verantwortung. In der Psychologie nennt man das „Verantwortungsdiffusion".

74

WARUM DIE WELT ZUM DOGMA NEIGT. Wir schreiben das Jahr 1958. Der griechische Mediziner John Lykoudis leidet unter Magengeschwüren. Doch ein Unglück kommt selten allein. Ein paar Wochen später bekommt er auch noch blutigen Durchfall, den er mit einem Antibiotikum behandelt. Der geht durch die Therapie nicht weg, doch die Magengeschwüre verschwinden. Das bringt den Griechen auf die Idee, dass Antibiotika gegen Magenschwüre helfen könnten – was in der Fachwelt damals völlig anders gesehen wurde. Sämtliche Experten waren der Ansicht, dass Magengeschwüre das Ergebnis von Stress, ungesunder Ernährung und mangelnden Abwehrkräften seien. Lykoudis ist sich nach der Selbsttherapie jedoch sicher: Magengeschwüre sind eine bakterielle Erkrankung, die mit Antibiotika in den Griff zu bekommen sind.

In den Folgejahren therapiert er Dutzende seiner Patienten erfolgreich mit Antibiotika. Er stellt seine Ergebnisse auf Kongressen vor. Doch niemand schenkt seinen Ausführungen Glauben. Fachzeitschriften lehnen seine Publikationen als „völlig irre Hypothese" ab. Vor Kollegen wird der Arzt lächerlich gemacht. Denn ein Paradigma der Medizinwelt lautete damals: Im Magen kann es keine Bakterien geben – die Säure würde sie sofort abtöten. Die zuständige Ärztekammer geht sogar noch einen Schritt weiter: Unter Androhung hoher Strafen darf der Mann keinen seiner Patienten mehr mit der Antibiotika-Therapie behandeln.

Erst in den 80er-Jahren setzt sich seine Erkenntnis doch noch durch, da andere Mediziner ähnliche Erfahrungen gemacht haben und mutig genug sind, diese zu veröffentlichen. Auch sie werden zunächst angefeindet, doch in der Folge können Millionen von Patienten mit Antibiotika behandelt werden. Erst nach seinem Tod bekommt John Lykoudis Recht.

Wir Menschen bauen gerne Schutzschilder vor unsere Überzeugungen. Fast jeder von uns neigt gelegentlich zum Dogmatismus. Wir verschanzen uns dann hinter Regeln, Vorstellungen, Formaten, Überzeugungen, Werturteilen und Konstrukten. Es sind Dogmen darüber, wie die Welt zu sein hat. Und so fällen wir dann Urteile, verfassen Theorien oder stellen Thesen in den Raum. Wohl auch, weil die Welt derart komplex ist und wir uns nach einfachen Lösungen sehnen. Meine Beobachtung ist: Je instabiler Menschen in ihrem Inneren sind, desto häufiger neigen sie zu Dogmatismus. Und aus Selbstschutz wehren sie sich dann vehement gegen andere Sichtweisen, egal, ob sie religiös, politisch oder anderweitig motiviert sind.

FAZIT

Alles, was unsere Lieblingsweltsicht bedroht, lehnen wir erst einmal ab. Womöglich auch aus Selbstschutz.

Die Erde ist eine Scheibe.

75

WARUM GRUPPENKONSENS SELTEN FÜR WEG-WEISENDE LÖSUNGEN SORGT. Wenn ich als Coach oder Berater unterwegs bin, wollen mir einzelne Mitarbeiter eines Unternehmens nicht selten einreden, dass ich, der Berater, das eigentliche Problem sei. Ganz nach dem Motto: In unserer Firma ist doch alles in bester Ordnung. Die Umsätze sind zwar seit drei Jahren bescheiden, und auch die Imagestudie ist jetzt nicht so berühmt. Innovationen sind nicht in Sicht. Klar, das ist alles schon mal besser gelaufen – doch ich soll bitte nicht so maßlos übertreiben. Ich habe im Leben das meiste Geld dafür bekommen, dass ich in derart festgefahrenen Situationen keine Schonung für mich in Anspruch genommen habe. Damit bin ich selten die beliebteste Person im Raum gewesen, häufig allerdings die Wichtigste. Denn nur so kommt die längst notwendige Diskussion über die Fehler und Missstände der Vergangenheit ins Rollen. Woher kommt dieses eigenartige Verhalten in Gruppen, ein Problem so lange wie möglich beiseite zu schieben? Der Psychologe Irving Lester Janis von der Universität Yale in New Haven hat sich über viele Jahre mit den Verhaltensweisen von sozialen Gruppen beschäftigt. In seinen Forschungen fand er heraus, dass sich die Teilnehmer eines Systems tendenziell dem Gemeinsinn unterordnen. Aus Angst vor Ausgrenzung machen sie es anderen recht oder schweigen. Wenn alle in einer Gruppe sich so verhalten, treffen kluge Menschen plötzlich völlig irre Entscheidungen. Alleine deswegen ist es eine wichtige Funktion von Führungskräften, solche Situationen zu durchschauen. Sie müssen im besten Sinne des Wortes stören – um solche Blockaden aufzuheben. Sonst kommen Zwangslagen und somit Entscheidungen dabei heraus, die jedes Mitglied der Gruppe später bereut.

FAZIT

Wann immer du in solch eine Situation gerätst – sag deine Meinung. Das wird in diesem Moment nicht zwangsläufig deine Beliebtheit steigern, doch du kannst eine Gruppe damit vor Fehlern bewahren und auf Dauer sogar Vorteile für dich ableiten. Dabei ist entscheidend, dass du die wenigsten Dinge ganz alleine für dich durchziehen kannst. Es bedarf in solchen Momenten einer entscheidenden Portion Sozialkompetenz.

76

SCHNAPP DIR DEN PLATZ IN DER MITTE. Dienstagmorgen, Wochenkonferenz bei der Firma Lübensahm, Rübenhorst & Rübensaft AG in Aachen-Forst. Und ich als Berater mittendrin. Auf der Agenda stehen die Ziele für die kommenden Tage und Wochen. Außerdem sollen Ideen für den Betriebsausflug gesammelt werden. Doch schon bevor es überhaupt losgeht, wird es unruhig. Denn jeder möchte den perfekten Sitzplatz im Besprechungsraum ergattern. Du lachst darüber? Aber nicht mehr lange…

Das Phänomen des geschickt kaschierten „Platzkampfes" beobachte ich seit Jahren. Und tatsächlich ist es wohl nicht ganz unerheblich, wo man sitzt oder steht. Forscher haben herausgefunden, dass Menschen in der Mitte einer Gruppe als bedeutsamer wahrgenommen werden als jene, die am Rand sitzen oder stehen. In einer Studie wurde anhand der Abläufe und Ergebnisse der bekannten Quizshow „Der Schwächste fliegt" (englisches Original: „The Weakest Link") belegt, dass überdurchschnittlich oft „die Mitte" gewinnt. In dieser Show stehen fünf Kandidaten in einem Halbkreis auf der Bühne. Sie müssen nach und nach entscheiden, wer in der Gruppe das „schwächste Glied" ist und damit rausfliegt. Informationen, wer von den fünf Kandidaten die meisten Fragen falsch beantwortet hat, haben die Teilnehmer nicht. Die Entscheidung, wer die Gruppe verlassen soll, fällt also ausschließlich auf Basis der Gruppendynamik. Hunderte von Shows wurden ausgewertet. Was glaubst du, welche Kandidaten wurden am häufigsten rausgewählt? Richtig: die buchstäblichen „Außenseiter", das heißt jene Mitspieler, die an den beiden Enden des Halbkreises standen. Dort waren die Kandidaten nur in insgesamt zehn Prozent der Fälle erfolgreich.

Es ist nicht ganz unerheblich, an welcher Stelle du Platz nimmst. Wenn du also in deiner Firma länger „mitspielen" möchtest, solltest du nicht zu den „Außenseitern" gehören. Schnapp dir vor Beginn des nächsten Meetings am besten den Platz in der Mitte der Gruppe.

77

WARUM DAS SYSTEM STÄRKER IST. Als Trainer begleite ich seit vielen Jahren Unternehmen und Organisationen bei Veränderungsprozessen. Als Neuling in diesem Beruf habe ich mich oft gefragt, warum es in einer Gruppe, Organisation oder Firma nicht voran geht. Oder warum ein einzelner Mitarbeiter mit seiner tollen Idee nicht weiter kommt. Warum „die Firma" all die Chancen nicht erkennt, die in dieser oder jener Idee von Mitarbeiter X oder Y stecken. Mit ein wenig Erfahrung versteht man das Prinzip dann irgendwann: Das System (die Organisationseinheit) ist immer stärker als der Einzelne. Systeme neigen zu Normierung und zum Selbsterhalt. In Systemen wird jede Veränderung der Spielregeln als Bedrohung empfunden. Hat eine bestimmte Gruppe oder die Führungsebene kein Interesse an einer Veränderung, so wird sie schlicht nicht umgesetzt. Da helfen selbst der größte Frust oder die besondere Überzeugungskraft eines einzelnen Mitarbeiters nicht weiter.

Für Nichtbewegung im System kann es zahlreiche Gründe geben: geliebte Kuschelecken bei der Mehrheit der Mannschaft (nicht so viel arbeiten), der Chef mag die chaotische Struktur um sich herum (weil er sich damit zentralen Fragen vielleicht gar nicht erst stellen muss), der Chef und seine Mitarbeiter lieben den Durchschnitt (weil Unfähigkeit dann weniger auffällt) und, und, und …

FAZIT
Es gibt unzählige Gründe für Nichtveränderung in Systemen. Meist müssen sich Systeme zunächst massiv verschlechtern, bevor sie verändert werden können.

78

DAS MÄCHTIGE DRITTEL. Wenn ein Drittel der Menschen in einer Gruppe oder im System eine Veränderung ernsthaft und nachhaltig befürwortet, dann reicht dies unter günstigen Umständen schon für eine Bewegung aus. Das ist zunächst erstaunlich, denn ein anderes Drittel geht in Veränderungsprozessen erfahrungsgemäß in die Opposition und versucht sich an der Verhinderung der Pläne.

Doch nun kommt das dritte Drittel ins Spiel. Entscheidend ist nämlich genau jene Gruppe, die sich bei Veränderungen für gewöhnlich unentschlossen und indifferent verhält, wie das berühmte Fähnchen im Wind. Diese Gruppe, ich nenne sie einfach mal die Unentschlossenen, schwenkt erfahrungsgemäß irgendwann um, wenn die Veränderungsbefürworter nachhaltig an ihren Zielen arbeiten. Denn den Bremsern geht für gewöhnlich nach einiger Zeit die Puste aus. Und die Veränderung nimmt Fahrt auf. Warum? Weil sich das indifferente Drittel im Laufe der Zeit für gewöhnlich auf die entschlossenere und stärkere Seite schlägt. Und so ist aus einem motivierten Drittel eine Mehrheit geworden.

FAZIT

Manchmal reicht schon ein Drittel der Menschen in einem System aus, um eine Veränderung durchzusetzen.

79

WARUM MAN MIT GURUS ARBEITEN SOLLTE. Führungskräfte, Mentoren und Meister ihres Fachs sind zuweilen eigenwillige Menschen. Sie sind auf ihre Ziele konzentriert und neigen zum Tunnelblick. Sie blenden Misserfolge aus, vermeiden Kompromisse. Das lässt sie fokussiert agieren.

Sie lassen auch nicht jeden an sich heran, neigen mitunter dazu, den Nachwuchs einzuschüchtern, weil sie wollen, dass er sich beweist. Doch wenn ein Meister erst einmal bemerkt, dass du seine Sprache sprichst oder ein Talent hast, dann wird er dich fördern. Er weiß deine Liebe für etwas zu schätzen und zu nutzen. Meister ihres Fachs werden dir eher Möglichkeiten und Freiheiten einräumen, als ein mechanistisch agierender Aktenhengst.

In wohltemperierten Umgebungen triffst du zwar oft nette Menschen, doch sie bringen dich selten nach vorne. Nur der Duft von Spitzenleistung hat mich während meiner Laufbahn erkennbar weiter gebracht. Ein ruppiges, aber talentiertes Umfeld ist allemal besser, als sich mit lauwarmem Durchschnitt abzugeben. Und – liebe Kolleginnen und Kollegen – bitte verzeiht mir auch künftig meine manchmal etwas ruppige Art. Ich halte sie für eine Form von Ehrlichkeit.

FAZIT

Lernen heißt vor allem: erfahrene Profis nachmachen. Und wer richtig gut werden möchte, der sollte sich an den Besten orientieren. Von den Besten lernen ist ein zentrales Moment jeder erfolgreichen Karriere.

Reduktion

80

WENIGER IST MEHR – MAXIMIERUNG DURCH REDUKTION. Unser Leben ist voll von „Rat-Schlägen". Erfolg geht so, nein, Glück geht doch eher so. Nicht alle diese Tipps helfen. Aber dieser hier ganz sicher. Das kann ich aus eigener Erfahrung sagen.

Mir hat mal eine Supervisorin während meiner Ausbildung gesagt: „Bei dir ist weniger viel mehr." Ihre Botschaft: Mach einen Schritt zurück! Überleg nicht ständig, was du noch tun kannst, um endlich erfolgreich zu sein. Überlege stattdessen: Mache ich das, was ich tue, überhaupt richtig? Was kann ich daran noch vereinfachen, damit meine Botschaft verstanden wird?

Damals habe ich mich gefragt: Warum hat noch keiner gemerkt, dass ich eigentlich viel mehr kann, obwohl ich es ständig sage? Vermutlich eben gerade darum, weil ich zu viel gemacht und geredet habe. Im Suchen nach der ganz großen Lösung ist meine wahre Stärke zu dieser Zeit untergegangen.

Die besten Botschaften sind die, die wir in einem Satz zusammenfassen können. Wie: „Bei dir ist weniger viel mehr." Maximierung durch Reduktion sozusagen. Ziemlich klug war das.

FAZIT

Glück ist kein großes Gebäude. Glück ist die Ansammlung kleiner Momente. Ein Lächeln, ein Händchenhalten, ein Geschenk, ein Zurücktreten aus der Mühle des Alltags.

81

REICH IST, WER WENIG BRAUCHT. Wir alle kennen Situationen, in denen wir uns etwas kaufen, obwohl wir in dieser Sekunde schon wissen, dass wir es nicht wirklich brauchen. Meist passiert das in Momenten, in denen wir unglücklich sind, zum Beispiel nach einem harten Tag im Job oder nach einem Abschied am Flughafen. Doch das Glücksgefühl hält meist nicht länger als ein paar Minuten an.

Je weniger das Glück in unserem Herzen wohnt, desto öfter kaufen wir überflüssige Dinge. Wir verdrängen damit Frusterlebnisse des Alltags. Du könntest dein Kauf- und Konsumverhalten künftig durch diese Brille betrachten. Und wenn du bemerkst, dass du einen Frust- oder Kompensationskauf tätigen möchtest, dann könntest du dich fragen, was dazu geführt hat.

FAZIT
Reich ist nicht, wer viel hat, sondern reich ist, wer wenig braucht. Konsum ist Kompensation, sozusagen ein Schmerzmittel fürs Hirn. Glückliche Menschen kaufen weniger, weil sie bereits glücklich sind.

82 MULTIPLE CHOICE – WARUM WIR ÖFTER MAL NUDELN KOCHEN SOLLTEN.
Früher kochte eine gute Freundin – nennen wir sie Eva – lausige Nudeln mit Ketchup – doch wir hatten tolle Abende. Vielleicht sogar, weil die Nudeln so lausig waren und ihr Ketchup vertrocknet. Nun quält sie uns mit hochkomplexen Menüfolgen. Und glaub mir: Das kann ganz schön stressig sein – auch für die Gäste.

Bei der Partnersuche erliegt Eva ebenfalls der Qual der Wahl. Was für ein Wunder, bei zahllosen potenziellen „Mister Rights" bei friendlove34.org und love-power-heart.com. Gefunden hat sie den Richtigen trotzdem noch nicht.

Ein ähnliches Problem hat sie beim Kauf ihres neuen Garderobenständers. Die Preisvergleichsportale im Netz stellen sie vor eine beinahe unlösbare Aufgabe. Denn irgendwo findet sie immer noch ein günstigeres Angebot.

Je mehr Möglichkeiten Eva hat, desto unsicherer und unzufriedener ist sie mit dem Ergebnis. Mein Tipp: Maximierung durch Reduktion.

Im Zeitalter unbeschränkter Möglichkeiten solltest du dich mit einem guten Resultat zufriedengeben. Es muss nicht immer das Allerbeste sein und du kannst es nicht allen recht machen. Reduziere deine Kontakte. Reduziere deine Termine. Reduziere Stress und Hektik. Wer es eilig hat, sollte langsam gehen. Reduziere unnützen Kraftaufwand.

83

WARUM ICH MEINEN GEBURTSTAG NICHT MEHR FEIERE. Alle Jahre wieder habe ich Geburtstag, meist am 22. November. Ganz nett eigentlich – so ein Geburtstag. Wenn da nicht diese lästigen Vorbereitungen wären. Außerdem weiß ich: Nach dem Verschicken der Einladungen stöhnen meine potenziellen Gäste: „Mist! Ein Freitag." Die Flüge sind teuer, die Züge überfüllt und auf den Autobahnen nur Stau. Doch man ist nun mal höflich und überhaupt. Fast alle Eingeladenen würden sich daher pflichtbewusst auf den Weg machen, teils über hunderte von Kilometern – in der Gewissheit, allenfalls zehn Minuten mit mir reden zu können und vor allem auf „fremde" Menschen zu treffen, mit denen sie nicht selten allenfalls Höflichkeitsfloskeln austauschen würden. So weit, so schlecht.

Das habe ich vor Jahren messerscharf erkannt und begehe meinen Geburtstag deswegen mit meiner Frau und den Kindern im ganz kleinen Rahmen – was in Zeiten von Facebook, WhatsApp & Co. eine zunehmend akzeptierte Form zu sein scheint. Jeweils Anfang November schreibe ich eine kurze Botschaft, in der ich unter anderem auf den nächsten runden Geburtstag verweise, an dem ich es so richtig krachen lassen werde. Meine potenziellen Geburtstagsgäste denken beim Lesen vermutlich an den entgangenen Stress, vielleicht sogar an die Reisekosten und im besten Fall auch kurz an mich. Ich kann mir gut vorstellen, dass sie dabei ein Gefühl der Ruhe und Dankbarkeit überkommt.

Ein Ritual zu hinterfragen, Konventionen zu durchbrechen und etwas nicht zu tun – das ist für viele Menschen beinahe unmöglich. Sie handeln aus der Furcht heraus, jemanden zu verletzen oder zu verprellen. Doch selbstbewusste Menschen wollen anderen nicht um jeden Preis gefallen. Sie fürchten kein „Nein". Außerdem können sie wunderbar damit umgehen, wenn andere Menschen sie deswegen ignorieren oder mit Liebesentzug strafen.

FAZIT

Wir wollen gemocht werden, anderen einen Gefallen tun. Also halten wir an Dingen fest, ohne darüber nachzudenken, fühlen uns am Ende allerdings erschöpft und irgendwann sogar ausgebrannt. Vergiss nicht: Es gibt nur einen Menschen, dem du es recht machen solltest, und das bist du! Nur, wenn du mit dir selbst im Reinen bist, ist auch dein Umfeld glücklich.

84

VERÄNDERE DICH – IN DEINEM KOMPETENZBEREICH. Vor etwa 15 Jahren hatte ich meinen Job in den Medien für eine Weile gründlich satt. Ich wollte unbedingt etwas ganz anderes machen. Vertrauensvoll wandte ich mich an einen väterlichen Freund, der damals als Finanzmakler Teile meiner mühsam verdienten Honorare gewinnbringend anlegte. Ich fragte ihn, ob ich in seiner Firma als Finanzberater einsteigen könne. Erstaunlich war, dass er mir eine solche Tätigkeit grundsätzlich sogar zutraute. Doch warnte er mich damals auch vor einem Wechsel in eine andere Branche. Und er sagte einen Satz, den ich bis heute nicht vergessen habe: „Bleib in deinem Kompetenzbereich." Und der ist nun mal das Schreiben, Coachen und Moderieren.

Multimilliardär Warren Buffett sieht das offenbar ähnlich. Auch er macht nichts, wofür er seinen „Circle of Competence" verlassen müsste. Innerhalb dieses Kompetenzkreises liegen seiner Definition nach die Stärken eines Menschen. Außerhalb befindet sich gefährliches Terrain. Buffett sagt: „Verändere dich. Doch stets nur in deinem Kompetenzkreis. Es ist nicht so wichtig, welchen Radius der Kreis hat. Doch du solltest wissen, wo die Kreislinie aufhört. Falls du dein Glück außerhalb suchst, wird deine Veränderung vermutlich keinen Erfolg haben."

Das folgt einer klugen Erkenntnis von u.a. Edward Lee Thorndike, einem amerikanischen Psychologen und Begründer der instrumentellen Konditionierung. Er beschrieb vor knapp hundert Jahren den „Halo Effect" („A constant error in psychological rating". Journal of Applied Psychology, 1920).

Der „Heiligenschein-Effekt" tritt auf, wenn wir von besonders auffälligen Eigenschaften und Merkmalen eines Menschen auf andere Eigenschaften schließen. Denn einzelne hervorstechende Merkmale erzeugen bei dem Gegenüber einen positiven oder negativen Eindruck, der die weitere Wahrnehmung der Person „überstrahlt" und so den Gesamteindruck bestimmt. Auch besondere Talente, wie ein wendiger Geist, eine besondere Stimme oder ein außergewöhnliches Äußeres können solche Eigenschaften sein, die deinem Gegenüber ins Auge springen.

Insofern sind wir gut beraten, unsere Stärken weiter auszubauen, statt an unseren Schwächen zu arbeiten. Und in Veränderungsprozessen ist es empfehlenswert, unseren ureigenen Kompetenzbereich nicht zu verlassen. Es geht darum, aus den Stärken unseres bisherigen Lebens genau jene mitzunehmen, die wir für unsere neue Aufgabe brauchen. Schöpfe aus der Vergangenheit, sei dir über deine Stärken im Klaren und gleite in die Zukunft. Die Vorlieben aus deiner Kindheit oder Jugend geben oft wichtige Hinweise auf das, was dich wirklich erfolgreich machen kann.

FAZIT

Fast ebenso wichtig, wie in etwas gut zu sein, ist es, zu wissen, was du nicht so gut kannst. Konzentriere dich auf das Wesentliche – nämlich auf das, was du kannst.

Abstand

85

DER „SYSTEMISCHE BLICK" GARANTIERT DEN ÜBERBLICK. Wenn ich nur einen Grund nennen müsste, warum ich in manchen Beratungsprozessen einen inhaltlich-zeitlichen Vorsprung habe, dann diesen: Es ist der systemische Blick auf die Gesamtsituation.

Wer emotionsfrei und mit Abstraktionsvermögen auf ein Geschehen schaut, verheddert sich nicht in Details, sondern erkennt das ganze Bild, die Zusammenhänge und Spielstränge. Der „systemische Blick" führt meist zu der zentralen Erkenntnis, dass nicht einzelne Menschen das Problem in einer Firma definieren, sondern ihr systemisches Zusammenspiel. Wenn ich meine Zu- oder Abneigung gegenüber einzelnen Menschen ausblenden kann, dann sehe ich Wechselwirkungen oder Blockaden zwischen ihnen deutlich klarer. Dieser neutrale Überblick ist erlernbar und gehört zu den bestbezahlten Kompetenzen in unserer Wirtschaftswelt. Folgende Fragen helfen für gewöhnlich, auf die Metaebene zu gehen und einen besseren Überblick zu gewinnen: Welche Gruppe hat welche Interessen? Welche „Stakeholder" gibt es? Welche inoffizielle Agenda existiert hier noch? Welche Erwachsenenspiele und Konflikte werden ausgetragen? Warum macht das System solche Scharmützel überhaupt möglich? Was blockiert das Zusammenfinden einzelner Spieler? Was verhindert die Entwicklung einer Strategie?

Je leichter dir der Switch zwischen Abstand und dem Blick auf das einzelne Detail fällt, desto leichter kommst du mit komplexen Herausforderungen oder Konflikten klar. Bemühe dich stets darum, die großen Zusammenhänge zu verstehen. Und verliere dabei die Details nicht aus dem Blick.

FAZIT

Wenn du eine Situation wirklich verstehen willst, dann achte nicht auf die Details. Achte vielmehr auf die Einflüsse, denen die Protagonisten unterworfen sind. Denn nicht der Einzelne ist das „Problem", sondern meist das „System".

86

WARUM DIE MEISTEN EREIGNISSE ZIEMLICH VORHERSEHBAR SIND. Nehmen wir an, du sitzt an deinem Schreibtisch. Auf einmal kommt ein Kollege herein, der dir süffisant grinsend mitteilt, dass du doch bitte in den Konferenzraum kommen sollst. Wenige Minuten später macht dir ein aalglatter Outsourcing-Berater unmissverständlich klar, dass die Firma es zwar sehr bedauert, sich aber mit sofortiger Wirkung von dir trennen muss. Das habe natürlich gar nichts mit deiner erbrachten Leistung zu tun. Der Mann wedelt noch kurz mit einem Infoblatt zu deinen Rechten und Pflichten, dankt dir für die angenehme Unterhaltung – und schon hat deine Zeit in dieser Firma ein Ende.

Eine Veränderung völlig aus heiterem Himmel? Ein Schicksalsschlag? Du konntest das gar nicht absehen? Wirklich? Fast alle Veränderungen haben mannigfaltige Vorzeichen. Es können Umstrukturierungen in deiner Abteilung, die Bilanzzahlen deiner Firma oder die Veränderung einer ganzen Branche sein. Viele Menschen fühlen sich dennoch zeitlebens wie ein Spielball. Sie haben das Gefühl, dass sie nur auf das reagieren können, was um sie herum geschieht. Tatsächlich aber warten sie so lange mit ihren Entscheidungen, bis ihnen die Realität von hinten in den Popo beißt. Sie weigern sich, die Signale zu sehen, mit denen sich Veränderungen ankündigen. Ich habe diese Zeichen häufig schon vor allen anderen Kollegen gesehen und konsequent gehandelt. Zu einem Zeitpunkt, an dem noch ausreichend „Rettungsboote" vorhanden waren, in die ich mich flüchten konnte. Eine andere Abteilung, ein anderes Projekt, ein anderer Sender. Wenn erst einmal der große Kehraus einsetzt und viele Kollegen gleichzeitig nach einem neuen Job in einem begrenzten Markt suchen, sieht das ganz anders aus.

FAZIT

In der Regel haben wir meist mehrere Gelegenheiten, zu erkennen, in welche Richtung sich unser Umfeld entwickeln wird. Wir müssen nur hinschauen und dann entschlossen die Initiative ergreifen. Werde nicht im falschen Umfeld alt. Strategen wechseln aus der Stärke heraus.

87 WIESO DER SCHRITT ZURÜCK SO WICHTIG IST.

Ich liebe die US-Amerikaner. Weniger für ihre Burger und für ihre auf dem Reißbrett konstruierten Städte, eher für ihren Pragmatismus im Umgang mit dem Leben – und bei der Personalauswahl. In den USA kommt es nicht darauf an, welche Ausbildung du mitbringst, sondern schlicht, welche Leistung und Kreativität du in deinem Job aufbringen kannst.

Beispiel Google: Nicht die Ausbildung oder ein Abschluss sind für eine der innovativsten Firmen der Welt bei der Personalauswahl entscheidend. „Unsere Leute brauchen ganz andere Eigenschaften", hat einer der höchsten Personalchefs in einem Interview mit der „New York Times" gesagt. Klar, gute Schulnoten können nicht schaden und bei Google brauchen einige Mitarbeiter auf jeden Fall ausgezeichnete Programmierkenntnisse. Es sind aber vielmehr die Soft Skills, auf die das Unternehmen Wert legt.

„Google-Mitarbeiter sollen selbstbewusst sein, um eine Führungsrolle im Team übernehmen zu können. Andererseits müssen sie ihr Ego auch komplett zurückstellen können, wenn ein Kollege die besseren Lösungsansätze für eine Aufgabenstellung hat", so Chef-Personalmanager Laszlo Bock. Er nennt das „adaptive Führung".

Die Philosophie dahinter: Jemand steht für seine Idee ein und argumentiert leidenschaftlich für sie. Ein erfolgreicher Projektleiter muss seine Führungsrolle allerdings stets wieder abgeben und loslassen können, ohne dass dies allzu sehr an seinem Ego kratzt. Dann nämlich, wenn neue Fakten auf dem Tisch liegen und es neuer Ideen oder Ansätze bedarf.

„Nimm in Demut die Ideen anderer an, trage deinen Teil zur Problemlösung bei, gehe hier einen Schritt nach vorne, dort wieder ein Stück zurück – und am Ende erzielen alle gemeinsam eine gutes Ergebnis." Das ist die Google-Philosophie. Eine Art temporäre Demut, die ein stetiges Lernen erst möglich macht. Google-Personaler Laszlo Bock sagt: „Viele sehr schlaue und hervor-

ragend ausgebildete Abgänger von Elite-Univer-
sitäten haben nie gelernt zu scheitern. Sie wissen
nicht, wie sie mit Misserfolgen umgehen sollen."
Für Bock sind das Menschen, die sich einreden:
„Wenn etwas Gutes passiert, dann nur, weil ich so
genial bin. Wenn etwas Schlechtes passiert, dann sind es natürlich die ‚unfähi-
gen Kollegen', der gekürzte Etat oder der schwierige Weltmarkt."

FAZIT

Manchmal brauchst du ein großes und ein kleines Ego gleichzeitig. Sei ein
Anführer, lass wieder los, zeige Stärke und dann wieder Demut, passe dich
den Gegebenheiten und Aufgaben in einer Gruppe an. Basis dafür ist vor
allem die Bereitschaft, immer neu zu lernen und entsprechend schnell zu
reagieren.

88 ÜBERLEBEN IM „HOCHMODERNEN" ALLTAG.

Freunde erzählen mir öfter mal bizarre Geschichten aus
ihrem „hochmodernen" Arbeitsalltag. Könnte ich Ähnliches nicht auch selbst beobachten, würde ich ihnen nicht
glauben. In unserer systematisierten und hochoptimierten Welt tarnt sich
der Wahnsinn mitunter als Normalität. Unternehmensziele werden nicht nur
frühmorgens, sondern auch noch einmal am späten Abend erhöht. Kulissen,
Protagonisten, Handlung – alles perfekt inszeniert. Ständig treten neue Figu-
ren an den Bühnenrand und brüllen Sätze wie „Dringend anders!" oder „Mehr
Umsatz!".

Wenn alle im Chor nach mehr Tempo und Leistung schreien, solltest du hell-
hörig werden. Denn vielerorts ist Veränderung zum Selbstzweck geworden.
Stell dir einfache Fragen: Warum muss ich immer mehr arbeiten, wenn ich das
doch schon längst tue? Warum muss ich den Irrsinn eigentlich mitmachen?
Und wie viel ist genug? Lerne, andere Zweifler zu erkennen. Ihre Codes und
Verhaltensweisen sind oft unangebrachte Witze, ketzerische Bemerkungen

oder auch ein warmes Lächeln. Siehe da, du bist nicht allein! Wenn du alle Impulse von außen völlig ungefiltert an dich heranlässt, dann kann jeder einfach so eintreten und dich für sich beanspruchen. Nimm dir möglichst oft deinen Raum und blende das Drumherum aus.

FAZIT

Warte nicht darauf, dass deine Mitmenschen dir Raum geben. Es wird kaum passieren. Frage du dich: Wo möchte ich mich abgrenzen? Bis zu welchem Punkt dürfen meine Mitmenschen gehen? In welchen Bereichen möchte ich unabhängiger sein? Wie kann ich selbstbewusster agieren?

89 WAS DU MIT KRAFT ABLEHNST, DEM GIBST DU NOCH MEHR BEDEUTUNG UND ENERGIE.

Warnung: Dieses Kapitel kann unschöne Worte enthalten. Sie wurden von mir mit einem Sternchen (*) gekennzeichnet ... ;-) Manchmal wache ich schon früh morgens auf und mein Verstand produziert düstere Wolken. Wenn ich dann nicht aufpasse, geht es den ganzen Tag so weiter. Düstere Gedanken sind eine Art Perpetuum mobile des Hirns. Worte (*Scheiße*) werden zu Gedanken (*Scheißtag*). Gedanken werden zu Bewertungen (*diese Scheißfirma!*). Und das alles kann in eine entsprechende Lebenseinstellung münden (*Scheißleben*). Der erste Schritt zur Veränderung ist: Erlebe deine Gedanken bewusst. Beobachte sie. Werde zum Betrachter all der Ereignisse, die da sind. Sag dir statt „Ich hasse es so sehr", „*Scheiße!*" oder „Das ist ja zum *Kotzen*!" besser: „Aha. Spannend, was sich da gerade tut!", „Das ist ja sehr interessant!" oder „Ich könnte es tatsächlich lieben!". Gönn dir dabei gerne eine gehörige Portion Ironie.

FAZIT

Was du mit Kraft ablehnst, dem gibst du noch mehr Energie. Erst wenn du annimmst, was sich da gerade zeigt, öffnet sich ein Weg für Neues. Liebe das, was da ist. Zu Beginn kannst du das auch als ironischen Bruch ausprobieren. Ironie vermittelt Abstand.

90

KEIN MENSCH MUSS MÜSSEN. Wer sich positive Gefühle vorenthält, spürt sich negativ. Und für viele Menschen gilt: besser negativ als gar nicht. Wer sich vorsichtshalber gegen alles abgrenzt, mit Abstand, pausenloser Ironie oder Zynismus lebt, der wird vermeintlich seltener enttäuscht, dessen Leben verliert jedoch auch an Süße, Spannung und Tiefe.

Frag dich doch mal: In welchem Verhältnis denke ich positive und negative Gedanken? In welchem Verhältnis denke ich zugewandte oder abgrenzende Gedanken? Falls negative oder abgrenzende Gedanken überwiegen: Mach dir klar, was dich immer wieder belastet und dir Kraft und Energie raubt. Was fühlt sich schwer an? Was lastet auf deinen Schultern? Was bringt dich seit Monaten oder Jahren an deine persönlichen Grenzen?

Lass dabei einfach deine innere Stimme sprechen. Möglicherweise sagt die nun Sätze wie „Naja, aber ich muss doch …". Das ist völlig normal. Denn schließlich hast du diesen Ballast und all das Müssen sehr lange kultiviert. Es hat sich wie eine Patina über deinen Alltag gelegt. Wahrscheinlich möchte dein Körper diese Schutzschicht zu Beginn gar nicht loslassen. Also frag dich in einer ruhigen Minute einfach nochmal: Wenn ich all das nicht mehr MÜSSTE – was würde ich dann tun? Du kannst dir dabei vorstellen, wie sich all der Druck, das Müssen und die Schwere einfach in Luft auflösen. Sag dir: „Ja, ich kann in Leichtigkeit leben! Ich kann das loslassen."

Unterstützen können dich dabei Entspannungstechniken wie progressive Muskelentspannung oder Yoga. Auch, wenn du bisher nicht viel von diesen Techniken gehalten hast: Das Loslassen kann man damit wirklich lernen.

FAZIT
Wie sagte schon Gotthold Ephraim Lessing so schön: „Kein Mensch muss müssen."

Risiko

91

HAB KEINE ANGST DAVOR, AUCH MAL ANZU-ECKEN. Die meisten Menschen wollen geliebt werden. Viele trauen sich daher nicht anzuecken und beziehen keine klare Position. Es ist ihnen unangenehm, wenn sie kritisiert werden oder ihnen jemand offen zeigt, dass er sie nicht mag. Deswegen ziehen sie im Alltag gerne mal den Kopf ein, agieren übervorsichtig und körperlich wie inhaltlich extrem reduziert.

Bei oberflächlicher Betrachtung ist das nachvollziehbar. In der Natur jedes Erfolgs liegt es jedoch, dass er polarisiert. Wer seinem Umfeld mit Klarheit und Eindeutigkeit begegnet und insbesondere deswegen erfolgreich ist, wird von einem Teil seines Umfelds zwangsläufig abgelehnt. Eine Persönlichkeit darf gar nicht Everybody's Darling sein, denn damit würde sie die Kraft ihres Profils untergraben. Wer für alle alles sein will, ist für niemanden das Richtige.

Obwohl vielen Prominenten in meinem Bekanntenkreis dieses Prinzip eigentlich vertraut ist und sie sich mit einer deutlichen Positionierung einen Namen gemacht haben, fällt es ihnen schwer, mit Kritik oder gar Ablehnung umzugehen. Was im Kern absurd ist. Denn ohne ihr klares Profil wären sie niemals prominent und damit erfolgreich geworden.

FAZIT

Wer sich zeigt und für das einsetzt, was ihn als Mensch ausmacht, hebt sich von seinem Umfeld ab.

92

ARBEITE NICHT AN DEINEN SCHWÄCHEN. Nicht selten werde ich auf Kongressen, bei Vorträgen oder während eines Seminars gefragt: „Wie machst du das eigentlich? Wie ziehst du so konsequent dein eigenes Ding durch? Woher nimmst du diese Kraft?" Ich antworte dann meist: „Ich beziehe die Kraft aus meinen Stärken und ignoriere zunächst mal meine Schwächen." Und weil ich vor allem aus der Stärke heraus handle, gibt mir das eine beinahe unbändige Energie.

Die Sache mit den Stärken hat für mich noch weitere Vorteile: Wenn ich nicht weiß, wer ich bin und was ich möchte, dann werden mir andere sagen, wer ich sein und was ich tun soll. Und sie werden mir einen Weg aufzeigen, der aus ihrer Sicht der richtige ist. Mit Zielen und Idealen, die für andere durchaus hilfreich wären – aber nicht für mich. Sie werden versuchen, meine Schwächen zu minimieren, meine Kanten zu schleifen und mich ihren Denkmodellen unterzuordnen.

Als an allen Seiten abgeschliffene und mit dem Umfeld kompatible Person bin ich jedoch nicht diejenige, die im Leben am weitesten kommt. Vielleicht passe ich damit perfekt in eine Firma oder ein System. Doch meine wahren Potenziale kann ich so nicht entfalten.

Menschen, die in erster Linie an ihren Schwächen arbeiten, vernachlässigen währenddessen ihr eigentliches Potential. Wer hingegen seine Kräfte und Ressourcen dafür einsetzt, seine Stärken punktgenau einzusetzen oder weiterzuentwickeln, kann vielleicht sogar eine kleine Delle ins Universum schlagen.

FAZIT
Finde und vergrößere deine Stärken. Wenn du tust, was du wirklich liebst, kommen all die, die lieben, was du tust.

93

Alle Dinge, die man gegen sein Gefühl und gegen sein inneres Wissen tut, anderen zuliebe, sind nicht gut und müssen früher oder später teuer bezahlt werden.

Ich lebe in meinen Träumen. Die anderen Leute leben auch in Träumen, aber nicht in ihren eigenen. Das ist der Unterschied.

Die wirklichen Persönlichkeiten haben es auf Erden schwerer, aber auch schöner, sie genießen nicht den Schutz der Herde, aber die Freuden der eigenen Fantasie, und müssen, wenn sie die Jugendjahre überstehen, eine sehr große Verantwortung tragen.

Einsamkeit ist der Weg, auf dem das Schicksal den Menschen zu sich selber führen will.

Jeder, der seinen Weg geht, ist ein Held. Jeder, der das wirklich tut und lebt, wozu er fähig ist, ist ein Held – und selbst wenn er dabei das Dumme oder Rückständige tut, ist er viel mehr als tausend andere, die von ihren schönen Idealen bloß reden, ohne sich ihnen zu opfern.

Gegen die Infamitäten des Lebens sind die besten Waffen: Tapferkeit, Eigensinn und Geduld. Die Tapferkeit stärkt, der Eigensinn macht Spaß und die Geduld gibt Ruhe.

(aus: „Eigensinn macht Spaß", Insel Verlag, 2002)

FAZIT

Niemand hat dich dazu verdammt, bestimmte Normen und Erwartungen zu erfüllen. Es zwingt dich auch niemand, der Masse hinterherzurennen.

94

UNMÖGLICH? JA, BIS ES JEMAND SCHAFFT. Früher zeigten die Räder eines Flugzeugs immer nach unten. Bis der russische Militärpilot Pjotr Nesterow die Idee hatte, den ersten Looping in der Luftfahrtgeschichte zu fliegen. Dafür wurde er von seinen Vorgesetzten nach der Landung zu Arrest im Militärgefängnis verdonnert. Als vier Wochen später Adolphe Pégoud diesen Looping in Frankreich nachmachte, ehrten ihn seine Landsleute als großen Pionier – was die Russen wiederum kaum ertragen konnten. Sogleich rehabilitierten sie ihren inhaftierten Loopingflieger und feierten ihn als russischen Nationalhelden. Er war doch schließlich der Erste gewesen! Seither gilt Nesterow als Begründer des modernen Kunstflugs.

Man kann nur gegen den Wind abheben, niemals mit ihm. Wer etwas gegen den Mainstream lösen möchte, der findet nicht nur Zustimmung. Du dringst womöglich in Kuschelecken anderer ein, bringst deren System gewaltig durcheinander. Menschen müssen sich plötzlich Fragen stellen, die im Zweifelsfall über Jahre bewusst vermieden wurden. Dass du also etwas wirklich Kreatives tust, kannst du womöglich schon am aufziehenden Gegenwind erkennen. Erfahrene Kreative schenken dem nicht allzu viel Kraft und Aufmerksamkeit.

FAZIT
Alle Piloten sagten: „Das geht nicht!"
Dann kam einer, den interessierte das nicht.
Und er hat's einfach gemacht.

95

SCHRILL, BUNT, GRELL UND FARBIG. Mein absoluter Lieblingsfilm ist „Private Parts" mit US-Radiogott Howard Stern. Der Streifen zeigt einen Moderator mit Haltung, der sich einfach nicht verbiegen lässt – und dadurch zum bestbezahlten Radiomoderator der USA wird. Stern hat sich im Laufe seiner Karriere nie auf falsche Kompromisse eingelassen. Er hat zu sich und seinen Eigenheiten gestanden, damit seine individuellen Stärken ausgespielt. Und deswegen wurde er zum Inbegriff einer Radio-Persönlichkeit. Davon habe ich mir einiges abgeschaut. Denn letztlich will auch mein Umfeld ständig noch dieses oder jenes „ganz anders" haben. Doch es sind eben die Ideen und Vorstellungen der anderen, nicht meine.

Wenn du dich verändern und positionieren möchtest, solltest du das deutlich zeigen. Authentisch, ehrlich und auf den Punkt. Rede nicht anderen nach dem Mund. Mach dich sichtbar. Dann wirst du gesehen und gehst mit denen in Resonanz, die zu dir passen. Das sind niemals alle – aber die Richtigen.

FAZIT

Die braven Schafe einer Herde kennt der Schäfer nicht. Manchmal musst du gegen den Strom schwimmen, neue Dinge ausprobieren und sogar ein Risiko eingehen, um auf der sicheren Seite zu sein. Denn große Liebe und besondere Errungenschaften gehen immer mit erheblichem Risiko einher. „Blamiere dich täglich einmal und du wirst Erfolg haben." Dieser Satz stammt nicht von mir, sondern von Google-Gründer Eric Schmidt. Und der sollte es wissen.

96

BEWAHREN ODER VERÄNDERN? RISIKO ODER NICHT? EIN STREITGESPRÄCH. Wir sind nun live bei einer fiktiven Podiumsdiskussion zum Thema der Überschrift. Die Protagonisten haben bereits Platz genommen, die üblichen Höflichkeitsfloskeln ausgetauscht und mit der inhaltlichen Diskussion begonnen.

A: … wie oft habe ich mich darüber schon geärgert! Wer in seiner Firma nicht brav den Regeln folgt und tut, was ihm gesagt wird, wer fragend durchs Leben geht und nach neuen Lösungen sucht, sieht sich früher oder später Vorwürfen ausgesetzt: „Kannst du dich nicht mal an die Regeln halten?", „Wenn jeder so aus der Reihe tanzen würde – wo kämen wir denn da hin?". Wir sollen dann gefälligst „die Spielregeln einhalten", „nicht so viel Wind machen" oder „schön die Hierarchie beachten".

Und manchmal habe ich mich dann gefragt, ob ich mich durch „Das macht man so" oder „Das darf man nicht" eigentlich in einer Idee bestätigt fühlen muss. Und wer ist eigentlich „man"? Was „man" fordert, verlangt oder seit Jahren angeblich so macht, ist oft erstarrt oder nicht mehr zeitgemäß.

B: Jaja, Sie dürfen dabei aber nicht vergessen, dass es eben auch Stabilität in einem Unternehmen geben muss. Für den geschäftlichen Erfolg, die Abläufe und die Disziplin ist es unglaublich wichtig, dass alles seine feste Struktur hat. So wie eine Firma nach innen organisiert ist, so wirkt sie eben auch nach außen. Und wenn alle im kreativen Chaos Neues ausprobieren, dann wird die Firma diesen Eindruck sicher auch nach außen vermitteln.

A: Klar, logisch. Chaos braucht keiner. Andererseits hab ich manchmal das Gefühl, dass es in der westlichen Wirtschaftswelt keinerlei Risikobereitschaft und Mut mehr gibt. Ich erlebe eine Vorherrschaft der Bewahrer gegenüber den Flexiblen. Und die normative Kraft der faktischen Mehrheit gibt den Bewahrern nun mal eine Menge Macht, über Strukturen und Abläufe zu wachen, Spontaneität und Kreativität zu verhindern. Und die fürchten sich halt vor neuen Lösungen, weil es ihnen die alten Zöpfe abschneiden könnte.

B: Dieser ängstliche Kontrollfetischismus, wie Sie ihn gerade beschreiben, ist aber nur eine von vielen Motivationen, etwas zu bewahren. Es gibt noch deutlich mehr, teils gute Gründe für das Festhalten an alten Lösungen. Manchmal gibt es den Abläufen und einem Unternehmen Sicherheit und Stabilität. Manchmal steckt auch ein Lebenswerk dahinter, das über Jahre keiner

Veränderung bedurfte. Manch einer möchte auch seine Kuschelecken schützen, in denen dann nicht so viel gearbeitet werden muss.

A: Das mag ja alles sein. Doch dieses krampfhafte Ausbremsen von Individualität macht mich manchmal verrückt. Das ist das genaue Gegenteil von Kreativität. Diese Sucht nach Stabilität und Prozessen beruht auf Lösungen für alte Probleme. Wenn jemand darauf beharrt, dass er recht hat, steckt er in der Vergangenheit fest. Rechthaber sind Langweiler. Sie sperren sich gegen neue Ideen und definieren sich stattdessen über die Einhaltung von Regeln. Und in einer flexiblen Wirtschaftswelt kann das auf Dauer den kreativen Todesstoß für jede Firma ausmachen.

B: Malen Sie den Teufel doch bitte nicht so extrem an die Wand. Ich warne davor, dass Erfahrung und Gewohnheit eine Gefahr sei sollen. In jedem guten Unternehmen sollte man Veränderung rechtzeitig und mit Augenmaß angehen. Denn idealerweise wirken Erfahrung und Kreativität zusammen. Auch vor dem Hintergrund, dass viele Veränderer ständig alles und um jeden Preis verändern wollen, teils bar jeder Sinnhaftigkeit. So wird von neuen Managern beispielsweise erwartet, dass sie etwas ändern – selbst wenn es der dritte Chef innerhalb von zwölf Monaten ist. Manchmal hat man dann den Eindruck, dass die Verantwortlichen für diese Entscheidung nur ihre eigene Spannungskurve hochhalten wollen. Und das funktioniert über Neues und „radikale Veränderung" natürlich am besten …

An dieser Stelle blenden wir uns aus der Diskussionsrunde aus.

FAZIT

Bewahren und Verändern sollten in ausgewogener Weise erfolgen. Unnötige und hektische Veränderungswut sind nicht selten ein Ablenkungsmanöver und entspringen der Angst vor Struktur. Hinter einer Ablehnung neuer Lösungen hingegen steckt oftmals die Angst vor Kontrollverlust. Oder, wie zum Beispiel bei Streiks ab und an, die Angst vor dem Verlust von Privilegien.

97

GUT, WENN DIE ANDERSDENKENDEN WOAN-DERS DENKEN. Mir fehlt das Gruppen-Gen. Wenn andere sich bei Firmenfeiern zuprosten, auf den Tischen tanzen und anschließend singend in den Armen liegen, dann stehe ich immer ein wenig verloren in der Ecke. Auch meine Freundin Rebecca ist kein Karrieretyp. Rebecca ist eine eher unbequeme Figur voller unkonventioneller Ideen und stets ein wenig zu schrill gekleidet. In ihrer alten Firma hat sie es deswegen nicht immer leicht gehabt. Ihre Geistesblitze hatten kaum eine Chance. Doch vor ein paar Jahren hat sich ihre vermeintliche Schwäche ins Gegenteil verkehrt.

2009 hatte ihr Arbeitgeber finanzielle Probleme. Ein externer Berater sollte die Situation auf den letzten Metern noch reparieren, was er nicht geschafft hat. Das Unternehmen meldete Insolvenz an. Auch Rebecca musste gehen. Soweit, so schlecht.

Nach einigen Wochen rief Interimschef Dieter sie plötzlich an. Rebeccas Wendigkeit und Ideenvielfalt hatten ihn beeindruckt. Nun hatte er hat einen weiteren Sanierungsauftrag, diesmal in Österreich. Er bat sie, bei diesem Projekt an seiner Seite zu arbeiten. Das tat sie gerne. Nach dem ersten gemeinsamen Projekt gab der Markt kurzfristig keine neuen Aufträge her. Aber irgendwann ging es wieder aufwärts und sie bekamen neue Aufträge. Zwischen Höhen und Tiefen hatte die mutige Rebecca ihren Spaß, erwarb viele neue Kompetenzen. Mit 45 Lebensjahren hat sie eine Menge Erfahrung gesammelt. Sie wird von ihren Auftraggebern respektiert und im Doppelpack mit Dieter für nahezu aussichtslose Sanierungsfälle geholt. Sie ist immer noch die mutige Rebecca, nun aber hochbegehrt, weil sie sich niemals verbiegen ließ und in Projekten mit einer unumstößlichen Haltung voran geht.

FAZIT

Gegen die Konventionen der eigenen Zeit zu leben, Dinge anders lösen zu wollen, das war niemals einfach.

98

JETZT ERST RECHT! Wenn du einen bestimmten Job haben möchtest, aber noch nicht weißt, wie du ihn bekommen kannst – bleib hartnäckig. Ja, du hast richtig gelesen. Und wenn jemand dich nicht möchte, dann bleib dran und geh erst recht hin! Dadurch müssen sich nicht unbedingt alle deine Wünsche erfüllen, doch manchmal ergeben sich auf diese Weise Dinge, an die du bisher nicht im Traum gedacht hast.

Mehrfach haben mich in den vergangenen Jahren aufdringliche Menschen angerufen oder angeschrieben. Sie wollten meine Hilfe bei der Jobsuche oder einen Job in meinem Team. Anfangs habe ich auch mal unwirsch reagiert. Doch nach der x-ten Mail fand ich sie bewundernswert beharrlich. Irgendwann habe ich sie gemocht, weil sie drangeblieben waren. Ich beschloss, ihnen zu helfen, weil ich auch mal so war wie sie. Schlussendlich habe ich sie zum Essen eingeladen – weil sie zum Team dazugehörten. Das alles mag eine ganze Weile dauern, doch mit Ausdauer und Beharrlichkeit bist du irgendwann dabei.

Gute Schulnoten sind keine Garantie für beruflichen Erfolg. Fantasie, Entschlossenheit, Durchhaltevermögen und Hartnäckigkeit sind es schon eher. Visionäre und Spitzenverdiener haben in allen Branchen etwas gemein: Sie bleiben dran – auch bei massivem Gegenwind.

FAZIT

Auf dem Weg zum Erfolg wirst du dir eine Menge Blessuren holen. Vielleicht bekommt gar dein Herz ein paar Narben. So ist es nun mal – wenn du etwas wirklich willst.

99

WARUM DICH ANDERE GERNE MAL AUSBREMSEN. Vielleicht verspürst du jetzt gerade eine enorme Entschlossenheit und Energie. Du hast einen ganz konkreten Plan, was du verändern möchtest oder sogar musst. Jetzt und hier und sofort. Wer nun voller Tatendrang losstürmt und augenblicklich alles in seinem Leben und Umfeld verändern will, der kann seine Mitmenschen schnell überfordern. Erwarte also von ihnen keine Beifallsbekundungen. Die wenigsten Erdenbürger schreien „Hurra", wenn Veränderungen an sie herangetragen werden. Du weißt ja bereits: Veränderung macht uns Menschen Angst. Die anderen haben kein derart konkretes Ziel vor Augen. Sie sprechen daher gerne mal bemerkenswerte Sätze wie:

„Das hat noch nie so funktioniert!"
„In sechs Monaten ist das nicht zu schaffen."
„Das kann so richtig ins Auge gehen."
„Hey, das schaffst du nie!"

Diese Menschen sind Prüfsteine für dein persönliches Wachstum. Akzeptiere ihre Meinung und trenn dich nicht von ihnen. Erlaube ihnen, ihren eigenen Weg zu gehen. Stell dich nicht über jemanden, der noch nicht so weit ist.

Gestehe jedem sein ureigenes Tempo zu. Und auch seine Weigerung, weiterzugehen und neue Erfahrungen zu machen.

Wer sich in seinem Leben nie etwas getraut hat, der wird nicht gutheißen, dass ein anderer aus seiner Angst ausbrechen könnte. Nichts tut mehr weh als die Veränderung von Zeitgenossen, die man in der eigenen Liga wähnte. Jedes Talent, jeder Erfolg, jede besondere Kraft werden erst einmal lächerlich gemacht, dann subtil bekämpft.

Menschen reagieren plötzlich atypisch, wenn wir uns verändern. „Freunde", Partner und Familienangehörige sind oft verwirrt, beleidigt oder sogar wütend. Manchmal reden sie sogar schlecht über dich. Denn es macht ihnen Angst, wenn jemand die Pfade des „Normalen" verlässt und seinen ureigenen Weg geht. Wo viele ihr Herz verraten, gilt der, der anfängt, seinem Herzen treu zu sein, als Verräter.

Respektiere und verurteile ihr Verhalten nicht. Jeder darf seinen Weg gehen, in seinem eigenen Tempo. Dabei darf jeder auch beim Alten und Gewohnten stehen bleiben. Respekt für den Weg deiner Mitmenschen ist ein Zeichen der Liebe. Wenn jemand sich von dir trennt, weil du einen neuen Weg gehst, dann mag das für dich sehr schmerzhaft sein, doch auch hierin liegt eine wichtige und wertvolle Erfahrung für dein Wachstum.

FAZIT

Menschen reagieren plötzlich atypisch, wenn wir uns verändern. Bedenke: Niemand muss deinen Weg gehen. Es ist nur DEIN Weg.

Kreativität

100

IDEENSPRUNG – WIE DU MAUERN IM KOPF EINREISST. Wenn du ein Problem nicht lösen kannst, dann liegt es vielleicht daran, dass du gedanklich feststeckst. Denn alte Denkmuster können kaum zu neuen Lösungen führen. Nur, wenn du deine bisherigen Gewohnheiten und Routinen aufgibst, kann das Neue zu dir kommen. Wie das geht? Verbanne die Mauern aus deinem Kopf.

Mauer 1: Die Gewohnheits-Mauer

Wie diese Mauer arbeitet: „Das haben wir vor Jahren schon erfolglos ausprobiert."

Warum die Mauer aktiv wird: Unser Gehirn zieht bekannte Lösungen unbekannten vor. Denn die Suche nach neuen Lösungen kostet Zeit. Mit diesem Mechanismus schafft es unser Kopf, den Großteil aller im Alltag auftretenden Probleme schnell zu lösen. Kreative Lösungen bleiben dabei allerdings auf der Strecke.

Wie du die Mauer deaktivierst: Arbeite die kreativste Lösung aus, die dein Gehirn ausspuckt. Verbiete dir währenddessen jegliche Zweifel. Stell dir einfach vor, dein Chef würde sagen: „Prima, sehr kreativ."

Mauer 2: Die Machbarkeits-Mauer

Wie diese Mauer arbeitet: Menschen fürchten sich vor dem Unbekannten.

Warum die Mauer aktiv wird: Menschen sind von Natur aus auf Gefahrenabwehr programmiert – ein Relikt aus der Frühzeit. Wenn unsere Vorfahren nicht genau erkennen konnten, ob sie einen Stock oder eine Schlange vor sich hatten, taten sie erst einmal gut daran, das Ding für eine Schlange zu halten. Dein Kopf wird dich immer erst vor den Gefahren und Hindernissen einer neuen Lösung warnen. Doch Wachstum findet immer nur außerhalb der Komfortzone statt.

Wie du die Mauer deaktivierst: Die Menschheit ist zum Mond geflogen. Mittlerweile können wir das Internet sogar schon mitnehmen. Erfolg und Respekt ernten vor allem jene Menschen, die neue Lösungen finden.

Mauer 3: Die Regel-Mauer

Wie diese Mauer arbeitet: Diese Mauer wird sehr früh aktiv. Bevor du über- haupt beginnst, in eine neue Richtung zu denken, suggeriert sie dir: „Das darfst du nicht."

Warum die Mauer aktiv wird: Von frühester Kindheit an werden wir kondi- tioniert: „Das geht so nicht." Im Berufsleben sind wir deswegen perfekte Re- gel-Chamäleons: Wir passen uns an. Leider zu perfekt. Indem wir ständig alles richtig machen wollen und das vermeiden, was nicht erlaubt sein könnte (um nicht – wie als Kinder – kritisiert zu werden), beschneiden wir unsere Ent- wicklung und Kreativität.

Wie du die Mauer deaktivierst: Stell dir zwei einfache Fragen: „Warum sollte das nicht erlaubt sein?" und „Was könnte im schlimmsten Fall passieren?". Ge- wöhne dir die „Strategie des sanften Bulldozers" an: niemanden fragen, einfach machen. Dabei wirst du schnell feststellen: Die Regeln, von denen du dachtest, dass sie dich fesseln, werden mühelos zur Seite geschoben. Deinen skeptischen Kollegen erzählst du am besten nichts davon. Sie werden es ohnehin irgend- wann merken.

Menschen brauchen ständig neue Ideen. Zum Beispiel, um beim Flirten etwas Schönes sagen zu können, um aus einer vertrackten Situation herauszukommen oder um im Leben etwas zu verändern. Die meisten Menschen kommen dabei an ihre Grenzen, weil sie von ihren eigenen Mauern umzingelt sind.

FAZIT

Ohne deine Mauern im Kopf wirst du dich am Anfang möglicherweise unsicher fühlen. Denn Mauern geben uns das Gefühl von Sicherheit und Orientierung. Doch dann wirst du merken: Ohne sie lebt es sich leichter und deine Kreativität läuft auf Hochtouren.

101

LIES ALLES. BEOBACHTE. VERBINDE. Die Geschichte der Kreativität war schon immer die Geschichte des Diebstahls. Die Beatles wurden die Beatles, weil sie zu Beginn ihrer Karriere verzweifelt die Everly Brothers imitiert haben. Elmar Hörig, Deutschlands größter Radiomann aller Zeiten, wurde so bekannt, weil er den britischen DJ Kenny Everett nachgemacht hat. Am Ende war er sogar besser als das Original. Steve Jobs von Apple hat die Idee des Personal Computers „einfach" auf das nächste Level gehoben.

Kreativität heißt: Dinge miteinander verbinden. Wenn du kreative Menschen fragst, wie sie etwas geschaffen haben, fühlen sie sich oft sogar ein bisschen schuldig, weil sie „einfach nur" in der Lage waren, Erfahrungen zu verbinden und dadurch neue Dinge zu kreieren.

Kreative haben die Fähigkeit, einzelne Punkte miteinander zu vernetzen, die andere nicht mal bemerken würden. Deswegen: Lies alles. Inhaliere jede verfügbare Information. Beobachte. Die ganze Welt ist Futter für kreative Gedanken. Und setze am Ende alles zu einem Puzzle zusammen.

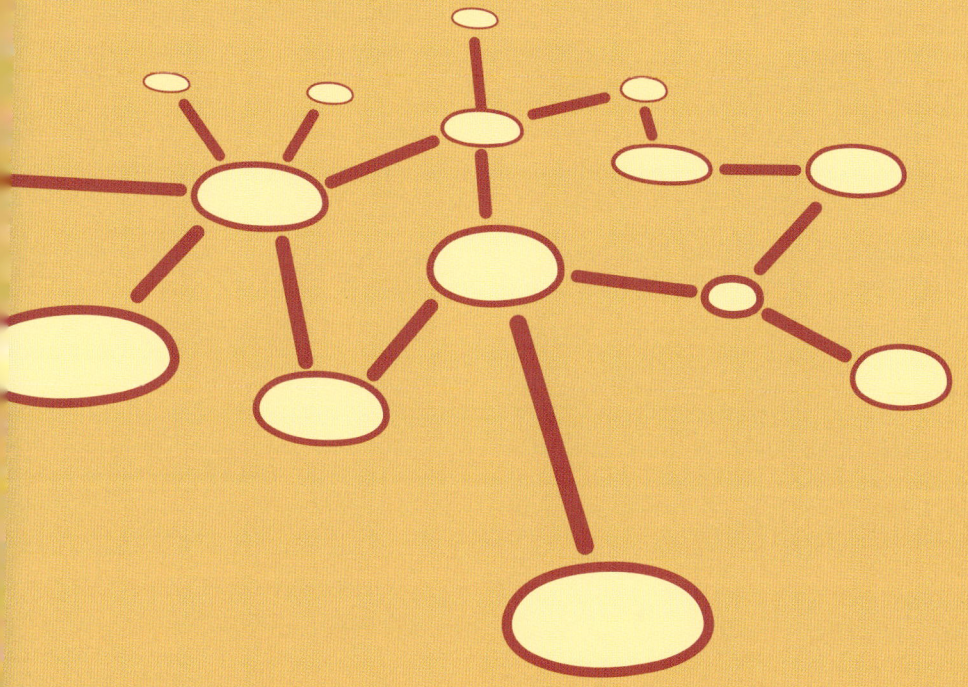

FAZIT

Entscheidend ist, wohin du die Dinge trägst, mit welcher Haltung du sie für dich nutzt. Du solltest auf dem Weg allerdings nur Dinge einsammeln, bei denen du eine wahre Resonanz in dir spürst. Also das, was deine Seele im tiefsten Inneren berührt.

102

**WENN IDEEN AUS DIR HERAUSFLUT-
SCHEN.** Beflügeln Stress und Hektik womöglich
deine Inspiration und die Ideenfindung? Defini-
tiv nicht.

Zeitdruck macht Menschen nachweislich weniger kreativ. Diese Erkenntnis
haben wir der funktionellen Bildgebung (Computertomografie) zu verdanken.
Die Neurowissenschaftler können damit seit einigen Jahren beobachten, was
unter unserer Schädeldecke passiert. Zum Beispiel dann, wenn Menschen Probleme lösen oder Ideen finden wollen. Das Ergebnis der Forschungen: Multi-
tasking bei der Arbeit macht Kreativität zunichte. Fristen, Druck und Hektik
schränken unser freies Denken ein und führen selten zu besonderen Einfäl-
len. Bei nahenden Deadlines steigt zwar unser Stresspegel messbar an und es
werden die Regionen im Gehirn aktiviert, die für schnelles Reagieren verantwortlich sind. Doch originelle Ideen oder besondere Lösungen entstehen unter
diesen Umständen kaum.

Das wusste schon Albert Einstein – übrigens ohne Zuhilfenahme moderner Technik. Er hatte in seinem Büro ganz bewusst kein Telefon. Wer ihn erreichen wollte, musste bei den Nachbarn anrufen und ihm etwas ausrichten lassen.

Am besten produziert dein Gehirn kreative Ideen, wenn es sich im sogenannten „Default-Zustand" befindet. Das ist eine Art wacher Ruhemodus, in dem du vor dich hin assoziierst und deine Gedanken ohne besondere Denkaufgabe miteinander verknüpfst. Möglicherweise kommen dir deswegen immer die besten Ideen, wenn du nach einem intensiven Brainstorming aufs stille Örtchen gehst. Dort macht es dann plötzlich „pling". Oder wenn auf einer längeren Autofahrt irgendwann der Stress nachlässt, du vor dich hin sinnierst und auf einmal „die Erleuchtung" kommt.

Der Großteil dieses Buches ist morgens zwischen 5 und 6.30 Uhr entstanden, wenn die Kinder noch schliefen, die Welt ruhig und friedvoll war und ich mich auf meine Gedanken konzentrieren konnte. Für ein besonderes Produkt oder Ergebnis müssen wir einen inneren Monolog führen und fähig sein, diesen auch auszudrücken. Es wird nicht möglich sein, deine innere Stimme zu finden, wenn es dir schwerfällt, mit dir selbst in Verbindung zu treten.

FAZIT

Viele von uns glauben, dass uns eine Deadline dabei hilft, eine anstehende Aufgabe zu lösen. Mag sein. Doch unter Stress entstehen nur sehr selten besondere Ideen. Erst, wenn wir unseren Gedanken freien Lauf lassen können, zum Beispiel bei einer längeren Auto- oder Bahnfahrt, wird unser Hirn wirklich kreativ. Entspannung und Stille sind das Tor, das uns mit unserer inneren Kraft und Weisheit verbindet. Dummerweise ist unsere Arbeitswelt in vielen Fällen anders organisiert. Kreativität stört die Systeme und Prozesse, weil sie nicht standardisiert ist.

Motivation

103

JA, ICH WILL! An meinem Computerbildschirm hängt seit Jahren ein zerfranster, ausgeblichener Zettel. Darauf stehen nur drei Worte: „Ja, ich will!" Jeden Morgen sage ich mir das, wenn der innere Schweinehund mal wieder irgendwas machen „muss". „Ja, ich will!" Wenn ich während des Schreibmarathons am Erfolg des Buches zweifle: „Ich will!" Also kann ich.

„Ich will" macht leicht. „Ich muss" macht schwer.
Ja, ich will dieses Buch zu Ende bringen. Nun hältst du es in Händen. Ich habe es geschafft.

Mit Gedanken wie

Ich muss …
Ich müsste eigentlich …
Ich sollte vielleicht mal …
Ich sollte im Grunde ganz
dringend …
Ich hätte das doch mal machen
sollen …
erzeugst du Verpflichtung, Zwang, Druck, Enge, Stress und Erschöpfung.

Auch hier wieder eine kleine Übung. Schreibe einfach alle Sätze auf, die du für gewöhnlich in deinem Alltag verwendest und in denen Formulierungen wie „ich muss/soll/hätte/müsste" vorkommen. Schreib sie bitte wirklich hier auf. Lies dir anschließend jeden dieser Sätze noch einmal vor. Und frag dich bei jedem Satz: Wie geht es mir und meinem Körper, wenn ich diese Gedanken denke?

Achte dabei auf deine Empfindungen. Du wirst feststellen, wie eng sich manche Gedanken anfühlen.

Nun mach die Gegenprobe. Was willst oder möchtest du im Leben unbedingt noch so alles erreichen? Welcher Weg entspricht deinen wahren Herzenswünschen? Wenn dein Verlangen wahrhaftig ist, dann dehnt sich dein Körper und wird augenblicklich leichter. Du kannst besser durchatmen und die Last des „Müssens" fällt binnen Sekunden von dir ab. Probiere es aus!

FAZIT

Ich will! Also kannst du. Bau dir einen Parcours schöner „Ich will"-Dinge, mit dem du die „Ich muss"-Dinge einrahmst. Und mach aus „Ich kann nicht" ein „Ich kann!" und später ein „Ich will!".

104 WIE MOTIVATION WIRKLICH FUNKTIONIERT.

Kaum eine Frage wird mir bei Seminaren oder im Coaching häufiger gestellt als diese: „Wie kann ich mich denn jetzt am besten motivieren?" Ich antworte für gewöhnlich:

Wenn ein 70-jähriger Mann aus Deutschland versucht, Schwedisch zu lernen, dann dauert es für gewöhnlich ziemlich lange – oder es klappt nie. Wenn er allerdings eine Schwedin kennenlernt und die beiden sich verlieben, dann spricht er ihre Sprache spätestens nach einem halben Jahr. Um Neues lustvoll anzugehen, bedarf es eines entscheidenden Faktors: Die Erfahrung muss uns emotional berühren oder begeistern. Was uns berührt oder begeistert, das motiviert uns. Außerdem vergessen wir es dann so schnell nicht wieder.

Für die eigene Motivation gibt es nur zwei Motive:
1. See the light! (Du bewegst dich auf etwas Angenehmes oder Ersehntes zu.)
2. Feel the heat! (Du weichst vor etwas Unangenehmem oder Bedrohlichem zurück.)

Nur wenn am Horizont ein helles Licht lockt („see the light") oder du auf einer heißen Herdplatte tanzt („feel the heat"), führt das zu Veränderung. Für dauerhafte Motivation braucht es also unbedingt die heiße Herdplatte oder eine ganz konkrete Vision. Denn wie heißt es so schön in einem Sprichwort: „Wenn du ein Schiff bauen willst, dann trommle nicht Männer zusammen, um Holz zu beschaffen, Aufgaben zu vergeben und die Arbeit einzuteilen, sondern lehre sie die Sehnsucht nach dem weiten, endlosen Meer." Das ist „see the light"! Man könnte natürlich den Männern auch damit drohen, dass sie bei Nichtgehorsam Konsequenzen zu befürchten hätten. Das wäre dann „feel the heat". Was glaubst du: Welche der beiden Motivationsarten wirkt wohl langfristiger?

FAZIT

Wenn dein Glückszentrum anspringt, dann lernst du besonders schnell. Faszination und „Neu-Gier" sind ganz wesentliche Treiber für alle Veränderungsprozesse. Nur, was uns wirklich begeistert und/oder berührt, führt uns letztlich lustvoll auf neues Terrain.

105 WIE DICH EIN EINZELNER SATZ VERÄNDERN KANN. Sigmund Freud hat mal gesagt: „Durch Worte kann ein Mensch den anderen selig machen oder zur Verzweiflung treiben."

Ein Satz, der dich völlig verändert. Ein Gedanke, der dich wie ein Sonnenstrahl leitet. Ein Wort, das deine Seele berührt.

Ich bin ein großer Fan von Affirmationen. Im Grunde funktionieren sie ähnlich wie das stetig wiederholte „Amen" im Gebet. Regelmäßig wiederholte

Glaubenssätze wandern tief in die neuronalen Vernetzungen deines Gehirns. Positive wie negative. Du kannst dir daher neue, positive Leitsätze auswählen. Wenn du sie häufig genug wiederholst, legt dein Gehirn über den alten Trampelpfaden neue Wege an, die deine alten, lähmenden Denkmuster und Weltanschauungen überschreiben. Auf diese Weise wird aus alten Mustern der Anspannung und der Getriebenheit irgendwann Ruhe und Gelassenheit. Denn du hast deine neue Überzeugung tief in dein Unterbewusstsein geschrieben. Wir Menschen haben Macht darüber, welche Gedanken uns beherrschen.

Eine Möglichkeit, dein mustergeprägtes Denken sukzessive zu überschreiben, ist, die Dinge einfach ins Gegenteil zu verkehren. Ja, lach nicht! Denk genau das Gegenteil! Die Jamaikaner machen es uns vor. Dort gibt es keine Probleme, es gibt nur „Situationen". Falls am Strand mal kein Kapitän für den Bootsauflug bereitsteht, dann legt man sich eben unter die Palme und hofft auf morgen. Wenn ein Problem auftritt, sag statt „Ich kann es nicht mehr ertragen" einfach „Ja, gebt mir mehr davon!".

Diese Übung wirkt tatsächlich Wunder. Überzeichne wie ein Satiriker! Die neue Bewertung einer Situation schenkt dir Abstand zum Geschehen, der dich in der Situation anders reagieren lässt.
Denk das Gegenteil, aber bitte positiv formuliert, auch wenn das noch so absurd klingen mag. Ein Beispiel: Sag dir statt „Sind hier eigentlich alle irre?" einfach: „Ich liebe diese besonderen Menschen! Ohne sie wäre es doch langweilig."

Wicderhole deinen Satz regelmäßig in der Früh und am Abend – für jeweils ein oder zwei Minuten. Dazwischen liegen etwa zwölf Stunden. Durch die Wiederholung werden die synaptischen Verbindungen in deinem Kopf, in deinem Unterbewussten neu angelegt. Plötzlich ist die Wahrnehmung in deinem Unterbewussten eine andere. Deine Synapsen haben sich neu verknüpft. Und du wirst feststellen, wie die Wahrnehmung der Außenwelt nach einer Weile eine andere ist. Schon nach wenigen Wochen haben sich die Sichtweisen und

Eigenschaften in deinem Unterbewussten verändert. Du hast neue Kraft, weil du sie dir selber erarbeitet hast. Allmählich löst du damit das Problemdenken in deinen Neuronalstrukturen auf und ersetzt es durch positivere Sichtweisen. Die folgenden Affirmationen haben sich für die eigene Motivation besonders bewährt:

- Ich bin glücklich und frei.
- Ich sage Ja zum Leben und habe allen Grund, gelassener zu sein.
- Ich kann alle Dinge jederzeit anders lösen.
- Ich entspanne mich, bin einfach jetzt und hier.
- Alles hat die Bedeutung, die ich ihm gebe.
- Ich liebe jeden einzelnen Moment.
- Ich öffne mein Herz und strahle für die Welt.
- Ich bin die Kraft, die meine Welt zum Leuchten bringt.

Du kannst dir aus dieser Liste eine passende Affirmation aussuchen. Oder eine eigene für dich finden. Wichtig ist dabei, dass deine Affirmationen eine positive und lebensbejahende Aussage in sich tragen. Nutze deine Affirmation, so oft du kannst.

Übrigens: Es kann sein, dass du hilfreiche und motivierende Gedanken erst einmal ablehnst, dass du manchmal sogar körperliche Abwehr dagegen fühlst. Warum? Weil dein Unterbewusstsein Widerspruch einlegt. Lautet dein persönlicher Leitsatz für die Zukunft beispielsweise „Ich fühle mich leicht und lebendig" und in Wirklichkeit fühlst du dich gerade nicht so – dann sorgt das für Reibung und inneren Widerstand. Mein Tipp: Übergeh das Gefühl einfach und versuche, bei deinem Satz zu bleiben.

FAZIT

Du veränderst die Dinge nicht, indem du gegen die Realität kämpfst. Du änderst die Dinge, indem du eine neue Realität denkst, die die existierende überflüssig macht. Das wurde in zahlreichen neurowissenschaftlichen Studien nachgewiesen.

106 ZUSTÄNDE ÜBERTRAGEN SICH.

Wenn ich einen Stein ins Wasser werfe, kann ich nicht genau vorhersagen, wie die Wellen ihre Energie entfalten und wo sie ankommen. Doch sie werden ankommen. Alles, was wir tun, zieht Kreise. Jeder, der selbst etwas anstößt oder bewegt, macht anderen Mut, es ebenfalls zu versuchen. Und plötzlich ergeben sich Chancen und Allianzen, mit denen man nicht im Traum gerechnet hat.

*

Bis zu den Olympische Spielen 1968 war die einzig akzeptierte Hochsprung-technik die sogenannte „Western Roll". Hochspringer hüpften stets bäuchlings über die Latte. Richard Douglas „Dick" Fosbury war der erste Mensch, der die Rekordhöhe von 2,24 Metern übersprang – und das ausgerechnet andersherum: Er sprang mit dem Rücken nach unten über die Latte. Und weil alle das zunächst für einen Mangel hielten, nannte man seine Sprungart „Flop". Fosbury machte allerdings ganz bewusst das Gegenteil von dem, was alle anderen bis dahin für richtig gehalten hatten. In einem Interview sagte er damals: „Wann immer ich einen der folgenden Sätze hörte – ‚Das darf man nicht.' ‚Das macht man nicht.' ‚Das haben wir noch nie so gemacht.' – , habe ich mich in der verrückten Idee bestätigt gefühlt."

Ich nenne solch Sätze gerne das „Mantra des Durchschnitts". Denk das Gegenteil des bisher Gedachten und komme neuen Lösungen damit nah. „Lerne zu lieben, was man dich zu hassen gelehrt hat", sagte Felix Baumgartner kurz nach seinem Stratosphärensprung aus 38.969,4 Metern Höhe. Er war im Oktober 2012 der erste Mensch, der ohne technischen Antrieb schneller als der Schall geflogen war. Visionen sind Visionen, weil man ohne Wenn und Aber an sie glaubt. Große Liebe und großer Erfolg sind immer mit Risiko verbunden.

*

FAZIT

Am Ende gewinnen vor allem die Träumer, die Idealisten, Rebellen, Visionäre und Querdenker – und seien es nur deren Herzen.

Ziele

107

DAS ALTE LOSLASSEN. Als Kinder klettern wir hoch hinaus, holen uns die saftigsten Früchte oben aus der Baumkrone. Irgendwann ändert sich das. Denn bist du einmal vom Baum gefallen, wirst du vorsichtiger. Hast du erlebt, wie eine Beziehung, eine viel versprechende Idee oder ein Geschäft zu einer großen Enttäuschung wurden, neigst du fortan zu Vorsicht. Aus diesem Schutzimpuls heraus verschließt du dich aber auch der Begeisterung, der Lebensfreude, der Leidenschaft, dem Mut, Übermut, der Spielfreude und möglichen Erfolgen. Du setzt dir keine Ziele mehr, möchtest dich möglichst nicht verändern.

Doch wenn du neue, tiefere Erfahrungen in deinem Leben willst, führt der Weg durch die Unsicherheit. Das Alte loszulassen, um sich dem Neuen zu öffnen, ist oft die größte Herausforderung überhaupt. Dabei gibt es aus meiner Sicht zwei richtig gute Ratgeber: der eine ist die Lust, der andere ist die Angst. Was immer die beiden dir sagen, da solltest du hingehen. Die Lust zeigt dir deine wahre Motivationsressource auf. Und die Angst signalisiert dir, dass du auf dem Weg dorthin eine echte Weiterentwicklung erfährst. Die Angst wird bei Veränderungsprozessen immer da sein, sie ist nur eine Reaktion auf das Unbekannte.

FAZIT

Nur wenn du auf der einen Seite des Raums die Türklinke loslässt, kannst du auf der anderen Seite das Fenster öffnen.

108

QUICK WINS: VOM ZAUBER DER KONKRETEN VEREINBARUNG. Wie oft habe ich mich schon im Fitnessstudio angemeldet und bin dann kaum hingegangen. Wie oft habe ich mir vorgenommen, mit dem Fahrrad zu fahren, habe es dann aber nicht geschafft. Meinem Verhalten liegt in diesen Momenten ein ganz gemeiner Denkfehler zugrunde. Studien haben gezeigt, dass wir einen Vorsatz umso eher umsetzen, je konkreter er formuliert ist. Der allgemeine Vorsatz „Ich gehe diese Woche mal wieder ins Fitnessstudio" wird mich mit großer Wahrscheinlichkeit weniger häufig dazu bringen, ihn umzusetzen, als der Vorsatz „Immer am Dienstag um 17 Uhr bin ich ab sofort im Fitnessstudio".

Auch bei der Planung deiner Persönlichkeitsentwicklung macht so viel Eindeutigkeit Sinn. Vereinbare mit dir selbst klar formulierte Ziele. Na, was wirst du als Erstes anpacken? Bis wann? Und wie? Warte nicht auf den günstigsten Moment. Beginne gleich jetzt. Überleg dir, mit welchen Baustellen du anfangen möchtest. Das sind im besten Falle die, bei denen schnelle und nachhaltige Erfolge greifbar sind. Beispielsweise die Achtsamkeit.

Das Anschieben jeder Persönlichkeitsentwicklung braucht Etappensiege, sogenannte „Quick Wins", wie der Veränderungsexperte John P. Kotter von der Harvard Business School sie nennt. Das hält dich motiviert. Denn wenn du dich ohne entsprechendes Training für einen Marathon anmeldest, wirst du irgendwo auf dem Weg schlappmachen. Etappenziele erlauben dir, auf dem langen Weg immer wieder kleine Erfolge zu feiern. Und mit dem Erreichen dieser Zwischenziele erkennst du, ob sich dein eigentliches Ziel womöglich verändert hat.

FAZIT

Definiere Etappenziele. Setz dir dabei klare Zeichen. Im Laufe der eigenen Persönlichkeitsentwicklung kommst du dann an Wegpunkten, Abzweigungen, Erkenntnissen und Impulsen vorbei. Übrigens: Es geht nicht nur darum, neue Muster zu etablieren. Es geht auch darum, an bestimmten Weggabelungen alte Muster zu verabschieden. Deswegen solltest du dich vielleicht rituell von ein paar Dingen trennen, die dir wichtig waren, aber ab einem bestimmten Moment für die Vergangenheit stehen.

109

DIE ZEIT IN DER WÜSTE. Egal, was du dir aus diesem Buch für die kommende Zeit vorgenommen hast: Überlege dir, welche Aufgaben du angehen kannst, wozu du in der Lage bist, was du schaffen kannst. Sei achtsam und ehrlich zu dir selbst und höre in dich hinein, was du willst.

Es kommt nicht darauf an, wie schnell du gehst – solange du nicht stehenbleibst. Wenn du Veränderung und Selbsterfahrung als die eigentliche Aufgabe begreifst, dann hechelst du nicht mehr mit hängender Zunge künftigen Entwicklungen hinterher. Mit jedem Tag und jeder Erfahrung wirst du ein Stückchen klüger. Würde alles in deinem Leben auf einmal passieren, würdest du das vermutlich gar nicht aushalten. Jede Transformation braucht Zeit und Geduld. Zwischendurch wirst du Dürrephasen erleben. Die sind mühsam und durchaus anstrengend, tauchen aus dem Nichts auf und dehnen sich bis zum flirrenden Horizont. Du wartest auf eine Brise kühlenden Rückenwind, doch sie bleibt aus. Solche Phasen fühlen sich drückend, eng und leer an. Die alten Zweifel und Ängste kommen wieder in dir hoch. Du stellst dir vielleicht Fragen wie: Ist das der richtige Weg? Wie lange wird das noch dauern? Schließlich bin ich doch nicht ewig jung. Soll ich denn endlos warten?

Während dieser Phasen empfindest du den Veränderungsprozess als bleiern und unnötig. Während dieser Etappen verlierst du den Glauben – an dich selbst und an das große Ganze. Geh in solchen Momenten konstruktiv und gelassen mit dir um. Rückschritte gehören zu jedem Veränderungsprozess dazu. Der von der Rockband Scorpions besungene „Wind of Change" ist eben ein unkalkulierbarer Wechselwind, der sich auch mal gegen dich wendet oder zeitweise zum Erliegen kommt. Betrachte dies als Bestätigung für deinen Lern- und Entwicklungsprozess und nicht als persönliches Versagen.

Was dir in den folgenden Tagen, Wochen und Monaten helfen kann, ist das Aufschreiben deiner Gedanken: Nimm dir gleich nach dem Aufstehen einige Minuten Zeit und halte alles fest, was dir in den Sinn kommt. Falls dich Zweifel quälen – schreib sie auf. Das hilft dir, mit deinem Veränderungsprozess in Kontakt zu bleiben und an deinen Gedanken zu wachsen, bis du über den Berg bist und wieder aufblühst – wie die Pflanzen in der Wüste nach dem großen Regen.

Wenn dich auf der Reise Zweifel überkommen: Vertraue darauf, dass sich die entscheidenden Punkte im Leben später zusammenfügen. Sie führen dich zu Menschen, Orten und Erfahrungen, die du kennenlernen musst, damit du andere Menschen und Orte kennenlernst. Dabei hilft der Glaube an Intuition, Schicksal, Energie, Karma, Freundschaft, Liebe, Gott, Neubeginn – wie auch immer du es für dich nennen willst.

FAZIT
Nimm den Druck raus und vertraue, dass alles zu deinem Besten geschieht. Übe dich in friedvoller Gelassenheit.

110

LETZTE WORTE: WAS ERFOLG IST. Elisabeth-Anne Anderson Stanley hat die Frage nach Glück und Erfolg vor über 100 Jahren für sich beantwortet. Ein wundervolles Gedicht, das Kraft und Hoffnung gibt.

Es hat derjenige Erfolg gehabt,
der gut gelebt, oft gelacht und viel geliebt hat.

Der sich Vertrauen und Achtung kluger Menschen verdiente
und die Liebe von kleinen Kindern.

Der seinen Platz fand und seine Aufgabe erfüllte;
der die Welt besser verließ, als er sie vorfand,
sei es durch schöne Blumen, die er züchtete,
ein vollendetes Gedicht oder eine gerettete Seele.

Es hat derjenige Erfolg gehabt, dem es nie an Dankbarkeit fehlte
und der die Schönheit unserer Welt zu schätzen wusste
und der nie versäumte, dieses auszudrücken;

der in anderen immer nur das Beste suchte
und von sich das Beste gab;

dessen Leben eine Inspiration war
und die Erinnerung an ihn ein Segen.

Elisabeth-Anne Anderson Stanley schrieb dieses Gedicht 1904 anlässlich eines Wettbewerbs im Brown Book Magazine in Boston, Massachusetts („More Heart Throbs", Grosset & Dunlap/Chapple Publishing Company, 1911).

111

BITTE NICHT LESEN! Es ist mir eine innere Freude, dass du nach dieser Kapitelüberschrift gar nicht anders kannst, als weiterlesen. Die Idee dazu habe ich von einem Ladenbesitzer in London.

Der hat vor einigen Jahren auf ähnliche Weise ein großes Verkehrschaos ausgelöst. Wie? Nun, er hängte einen dunklen Vorhang vor sein Schaufenster. In der Mitte war ein kleines Loch. Und gleich daneben stand in großen Buchstaben: „Durchschauen verboten!" Bis zu 300 Menschen standen tagsüber vor seinem Laden, nur um kurz hindurch zu blinzeln. Am Abend war die Geschichte in den Fernsehnachrichten und der Andrang wurde noch größer.

Nun denn, hier kommen jene Infos, die sonst niemand gelesen hätte ...

Die Inhalte in diesem Buch wurden von Fachleuten aus den Berufsfeldern Training, Psychologie und Medizin geprüft. Solltest du neuere, bessere oder andere Erkenntnisse haben, so lass es mich gerne wissen. Falls dir in diesem Buch ein Gedanke oder gar ein wichtiges Kapitel fehlt, schick mir einfach eine Mail: patricklynen@aol.com. Schon jetzt ein Dankeschön für deine Rückmeldung. Mehr Infos zu meiner Arbeit findest du unter www.patricklynen.com. Wenn du meinen Newsletter beziehen möchtest – das geht hier: newsletter@patricklynen.de.

Meine tagesaktuellen Coaching-Tipps findest du unter: www.facebook.com/lynen.patrick.

Ach so, ja, zu diesem Buch gehört übrigens ein Radiosender. Kein Witz. Unter www.dascoachingradio.de hörst du eine handverlesene Musikauswahl mit ganz viel entspannender Musik. Außerdem gibt es alle zehn Minuten tolle Tipps rund um das Thema Persönlichkeitsentwicklung, gesprochen von mir und der Schauspielerin Dorothee Krüger. Einfach reinklicken und die Inhalte aus diesem Buch rund um die Uhr vertiefen.

HURRA! DANKSAGUNG Mit diesen Zeilen geht dieses Buch auf die Zielgerade. Ich möchte vier Menschen fest in meine Arme schließen: meine verständnisvolle und großherzige Frau Alexandra, die einzigartige Dorothee Krüger, Dr. Präzision, Tim Baas, und Mister Resilienz, Christoph Flach. Sie waren meine Stützen, während dieses Buch entstand. Sie haben mich ermutigt, wenn ich durchhing. Sie haben mich bestätigt, wenn ich richtig lag. Sie haben mich korrigiert, wenn ich Blödsinn schrieb. Und sie haben viele tolle Ideen, ihr Herz und ihre Weisheit in dieses Buch gegeben. Es war immer wieder ein großes Vergnügen, sich ohne große Worte, teils über Tausende von Kilometern, ganz selbstverständlich zu verständigen. Danke!

Ich verneige ich mich vor Keno Mescher, Dr. med. Christian Schmiegelt (Facharzt für Neurologie, Psychiatrie und Psychotherapie), Reiner Bergmann, Theresa Weiglhofer und Jutta Mundus. Reiner hat die Denkanstöße mit Tausenden von Pinselstrichen liebevoll gestaltet, Christian hat sie inhaltlich geprüft, Jutta mit ihrem Design veredelt, Theresa Weiglhofer hat das Buch liebevoll lektoriert. Und Keno hat Teile des Kapitels zu unseren menschlichen Rollen verfasst. Danke!

Außerdem grüße ich alle klugen Menschen, mit denen ich in den vergangenen Jahren Zeit verbringen durfte. Dazu zählen meine wunderbare Frau Alexandra, meine tollen Jungs, meine Schwestern Karola und Marion, Cyrus Sadri, Margrit Benecke, Ralph Günther, Christiane Rüffer, Denis Fröhlecke und Stefan Scheurer. Ja, und natürlich grüße ich meine großartige Mama – und weiter oben meinen Papa und einen der feinsten Menschen, die ich je getroffen habe: Ferdinand Keller. Ich hoffe, dass ihr beiden mich dort auch hören könnt.

DIES IST NICHT DAS ENDE.
SONDERN EIN NEUER ANFANG.

ÜBER DEN AUTOR. Die Fantastischen Vier schreiben in ihrer Autobiografie („Die letzte Besatzermusik", Kiepenheuer & Witsch): „Seid Ihr Zwerge oder Hünen, ob auf Bergen oder Dünen, ihr hört gerne Radio mit Eurem Patrick Lynen."

Patrick Lynen gilt als Meister des Wandels. Er arbeitet als Trainer, Ausbilder und Coach in ganz Europa. Er hat schon viele unterschiedliche Dinge gemacht in seinem Leben und kennt sich daher gut aus mit Brüchen und Wechseln. Er war Zeitungsausträger, Aushilfe bei McDonald's, Werbesprecher für große Marken wie Coca-Cola oder Opel, Radiomoderator bei SWR3, Mitarbeiter bei der Harald-Schmidt-Show, Redenschreiber, Ideenentwickler, Getränkeproduzent, Vermieter für Eifeltraum-Ferienhäuser, Kommunikationstrainer, Coach für Führungskräfte, Buch-Autor, Berater für verschiedene Branchen, Referent für zahlreiche Universitäten und Akademien – u.a. die renommierte ARD.ZDF medienakademie.

Zusammen mit dem Ideenentwickler und Grafiker Reiner Bergmann aus Aachen ist dieses Buch entstanden. Er hat viele Ideen von Patrick Lynen in seine ganz eigene Bildsprache übersetzt. Dr. Christian Schmiegelt (Facharzt für Neurologie, Psychiatrie und Psychotherapie) hat dieses Buch aus medizinisch-therapeutischer Sicht begleitet.

Das Patrick Lynen Prinzip

CLEVER DENKEN, ACHTSAMER KOMMUNIZIEREN, GELASSENER HANDELN. Im Berufsalltag nehmen Tempo und Entscheidungsdruck rapide zu. Unter diesen Bedingungen funktionieren wir so lange es eben geht – mechanisch, gestresst und fremdbestimmt.

Mit smartem Handeln, Achtsamkeit und Gelassenheit halten wir den Schlüssel zu mehr Lebendigkeit und Mitgefühl in den Händen. So erschaffen wir Momente des Innehaltens, um dem Anforderungsdruck standzuhalten und bedachte Entscheidungen treffen zu können.

In seinen Vorträgen und Seminaren begeistert der dreifache Familienvater mit seiner dynamischen und gleichzeitig gelassenen Art. Er vereint dabei Wissen, Entertainment und Humor. Patrick Lynen sieht sich als jemand

… der Veränderung vorlebt
… der seine Erfahrungen weitergeben möchte
… als Initiator eines neuen Bewusstseins.

Alles über das Patrick Lynen Prinzip und Seminare in deiner Region erfährst du hier:

www.patricklynen.de